Quel(s) amoureux êtes-vous ?

6, rue du Mail – 75002 Paris

Maquette, mise en page et couverture :
Mathilde Decorbez

ISBN : 978-2-7107-8917-8
Dépôt légal : 1er trimestre 2018

Véronique Kohn

avec la collaboration
d'Adèle van Eiszner

Quel(s) amoureux êtes-vous ?

Les cinq profils psychologiques pour aimer et être aimé

Illustrations
Sabine Nourrit

TCHOU

Sommaire

Pour bien commencer...

Le rêve de chacun

Vivre une véritable intimité en étant totalement à nu.

Le grand désir d'amour

Êtes-vous un handicapé de l'amour ou, au contraire, faites-vous partie de ceux qui aiment « trop » ? Vous sentez-vous dépendant de façon excessive de votre partenaire, ou appartenez-vous à la race des chats sauvages, qui s'estiment vite envahis ? Vous situez-vous en décalage par rapport à votre partenaire ? Pourquoi avez-vous le sentiment que vous n'êtes pas issus du même moule ?

Vous avez fréquemment l'impression que vous n'avez pas les mêmes priorités, alors que vous partagez le même toit. Vous avez besoin de sécurité, votre conjoint a besoin d'air. Ou l'inverse. Pourtant, si vous prenez la peine de bien tendre l'oreille, dans vos disputes revient encore et toujours le même refrain : vous avez, l'un comme l'autre, envie d'aimer et d'être aimé.

Ce dont chacun rêve, c'est d'être totalement lui-même dans la relation amoureuse, de pouvoir aimer et d'être aimé pour ce qu'il est vraiment, c'est de vivre une véritable intimité, en étant totalement à nu, sans faux-semblant, inhibition ou prétention.

Le plus grand désir de tout être humain est d'aimer et d'être aimé. Mais pas n'importe comment ! Si, il y a quelques générations de cela, l'adage « Si tu ne te maries pas sur ton palier, marie-toi au moins dans ta rue » était fort répandu, nombreux sont ceux qui, aujourd'hui, ont choisi de corser un peu la partie et de tendre vers plus d'exotisme, selon le degré de témérité de chacun. La différence est désormais perçue comme enrichissante, l'altérité fait (un peu) moins peur, on ne grandit plus systématiquement dans le même patelin que son partenaire, et beaucoup l'envisagent comme autant de richesses. Mais ce que l'on souhaite par-dessus tout – et cela, aucune époque ou soi-disant « tinderisation » de la société n'est parvenu à le changer –, c'est le désir intime de chacun de vivre l'amour, de l'incarner dans une ou plusieurs relations et de partager une intimité réelle avec l'élu. Trouver cette personne devant laquelle on pourra laisser tomber les masques, celle qui acceptera sa propre vulnérabilité. Et si quelqu'un tente de vous faire croire le contraire, c'est un fieffé menteur.

> LE PLUS GRAND DÉSIR DE TOUT ÊTRE HUMAIN EST D'AIMER ET D'ÊTRE AIMÉ.

Du rêve à la réalité

Minute, ce n'est pas si simple... Pour une simple et bonne raison : votre plus grand désir vous confronte aussi à votre plus grande peur : celle de ne pas être aimé, c'est-à-dire d'être rejeté, abandonné, dominé, envahi, abusé, blessé, trahi, humilié... selon la blessure que votre enfance et votre sensibilité propre ont exacerbé.

Si nous rêvons tous inlassablement de la princesse des *Mille et Une Nuits* ou du prince charmant, l'aventure du couple se passe bien souvent autrement. Passé la phase de la lune de miel, qui dure entre trois mois et un an, l'aventure d'un duo s'achemine tôt ou tard vers la phase de confrontation à la réalité de l'autre : c'est une période lors de laquelle chacun reprend ses marques, où l'on cesse d'idéaliser l'autre et de faire des efforts pour plaire et préserver la relation à tout prix.

Au début, quand on ne connaît pas vraiment la personne que l'on a en face de soi, on projette ses propres attentes et idéalisations, comme le fait l'autre sur soi. On croit avoir enfin trouvé l'âme sœur, que l'on pourra aimer et qui pourra nous aimer. En réalité, on refuse souvent de voir l'autre tel qu'il est vraiment, et on préfère rêver celui ou celle qui viendra réparer nos manques, nos blessures, et entretenir notre fantasme en nous voilant la vérité.

C'est à ce moment précis que l'on commence à sortir du rêve amoureux, que chacun arrive avec son propre programme défensif, sa stratégie personnelle de protection. Ce formatage de base, inscrit au plus profond de la mémoire cellulaire de chacun, crée des compulsions : on ne peut s'empêcher de..., c'est plus fort que nous... On croit avoir raison, on imagine savoir et on ne peut pas lâcher, on affirme, on prétend. On définit l'autre et on finit par le juger à tort et à travers. Nos attentes les plus impérieuses se transforment en exigences. Elles correspondent souvent aux traces de nos blessures : on réclame du respect, de la justice, ou plus de vérité, ou encore d'être la personne la plus importante à ses yeux, l'unique, ou tout du moins l'élu. On exige de la fiabilité, de la protection, du soutien, en étant convaincu que tout cela nous est dû.

Malheureusement, en amour, c'est bien souvent lorsqu'on demande le plus qu'on a le moins de

chances d'être exaucé. Dès que l'on aime, on souhaite que l'autre soit un double de nous-même, qu'il nous comprenne, nous devine. On aimerait qu'il se rallie à nos goûts, à nos idéaux et à nos principes. Et plus l'autre se sent contraint et non accepté pour ce qu'il est, plus il choisit la fuite ou le refus, conduisant celui qui réclame à en demander toujours plus et à renouveler une expérience traumatisante, car il n'obtient toujours pas ce dont il a le plus besoin pour se réparer, ce qu'il a vécu, enfant, en tant que blessure originelle. Chacun réagit – il s'agit bien là de réactivité, car aucun des deux ne pense avoir le choix de vivre la relation autrement. Voilà comment la mécanique relationnelle amoureuse devient un enfer : chacun, avec les lunettes de son profil, perçoit l'autre comme étrange et étranger, avec toutes les incompréhensions inhérentes aux différences. Car ce qui fait le plus réagir et sortir de ses gonds l'un diffère souvent de ce qui met son conjoint en rogne.

CHACUN, AVEC LES LUNETTES DE SON PROFIL, PERÇOIT L'AUTRE COMME ÉTRANGE.

Des scénarios préécrits

Comme si ce n'était déjà pas assez compliqué, ce qui se joue dans un couple est encore plus profond et complexe, et se situe bien souvent à un niveau inconscient : le partenaire amoureux est le substitut des « imagos » parentaux, c'est-à-dire que l'on va projeter la figure parentale sur lui. On n'a plus affaire à ses parents, mais on les remplace par son conjoint. Selon le schéma familial, l'un va placer la fiabilité et l'engagement en valeurs fondamentales – sa plus grande peur étant la trahison –, quand l'autre militera pour la liberté et aura tendance à percevoir chaque demande d'engagement comme un rouleau compresseur.

Pourquoi ? Parce que nos blessures sont différentes. Selon que vous êtes un frileux, un altruiste, un alpha, un planqué ou un clivé – les cinq profils que nous allons étudier –, vos zones de fragilité et de susceptibilité ne sont pas les mêmes. Ce guide des relations va vous aider à comprendre dans quel scénario vous ou votre partenaire vous êtes enfermés. Car nous possédons tous des scénarios privilégiés, des modes adaptatifs de survie liés à nos traumatismes d'enfance. Ces expériences ont été mémorisées dans notre disque dur. Nous parlerons régulièrement dans ce livre de « formatage », car, malheureusement, nous reproduisons souvent à notre insu les mêmes schémas et programmes inconscients, qui déterminent notre vie amoureuse et aboutissent aux mêmes bugs.

NOUS POSSÉDONS TOUS DES MODES ADAPTATIFS DE SURVIE LIÉS À NOS TRAUMATISMES D'ENFANCE.

Nous avons tous souffert de blessures, à différents stades de notre développement. Elles demeurent plus ou moins béantes selon les individus, leur environnement et les chances que la vie leur a offertes. Cependant, nous avons tous un point commun : notre instinct de survie. En grandissant, celui-ci nous a poussés à éviter de retomber dans le sentiment d'impuissance que ces blessures nous ont fait éprouver. Nous nous sommes arrangés pour éviter soigneusement de revivre les scènes qui nous ont déplu. Ces stratégies visent à empêcher de retourner trop près de là où « ça fait mal ».

Mais paradoxalement, ces mêmes stratégies nous conduisent à revivre désespérément encore et toujours nos blessures fondatrices. Quel est ce mystère ? Pourquoi, alors que nous faisons tout ce que nous pouvons pour nous protéger, revivons-nous perpétuellement ces situations et expériences de relations blessantes ?

Vous vous en doutez, il y a une raison à cela.

Les traces des blessures

Les blessures de l'enfance font reproduire des schémas amoureux et attirent vers certains partenaires plutôt que d'autres, sans que l'on en ait conscience.

L'amour confronte bien souvent à des expériences re-traumatisantes. Pourquoi ? Parce que la relation amoureuse est un espace privilégié pour faire réémerger toutes les blessures du passé, elle nous plonge dans notre espace le plus intime, un lieu où se rejouent les enjeux d'aimer et d'être aimé, accepté, sécurisé tel que nous sommes. Très vite, sans le voir venir, nous sommes heurtés : il suffit d'une réflexion, d'un jugement hâtif, d'un geste mal placé, pour que notre cœur se ferme ou s'ouvre en deux. L'autre, celui qu'on pensait aimant et bienveillant, se transforme en ennemi au lieu d'être notre allié. Notre voix off nous dit : « C'est moi qui suis une bonne personne, l'autre ne l'est pas », ou l'inverse : « Je ne suis pas une bonne personne, l'autre l'est », nous laissant en proie à la culpabilité.

À notre insu, tout se rejoue sans que l'on en soit très conscient, on s'arrête au contenu des disputes, on se dit que le partenaire n'est pas le bon, qu'il faut en changer. Mais on ne se connaît pas assez. On ne fait pas toujours le lien entre les situations traumatiques de l'enfance et nos comportements, nos choix amoureux.

LA RELATION AMOUREUSE EST UN ESPACE PRIVILÉGIÉ POUR FAIRE RÉ-ÉMERGER TOUTES LES BLESSURES DU PASSÉ.

Or notre caractère amoureux n'est ni un hasard ni une fatalité : il est façonné depuis le début de notre vie. Comme pour un ordinateur, des programmes sont installés : à chaque fois qu'un enfant se trouve dans une situation où il ne peut ni fuir, ni combattre, il se sent impuissant. Il prend ce qu'on appelle une « décision de survie » : « À partir de maintenant, on ne m'aura plus. Je décide de contrôler. » Cette stratégie de contrôle va se dessiner, s'inscrire dans le disque dur, puis s'évanouir du champ de conscience du petit individu en formation. Il ne restera plus que la page d'accueil de l'ordinateur intérieur, avec les dossiers que l'administrateur aura bien voulu laisser à la vue de tous.

Si les souvenirs peuvent s'envoler, les stratégies de survie, elles, restent visibles pour qui veut bien les observer : les programmes de protection sont intacts dans le disque dur, ils agissent aux dépens du sujet jusqu'à la fin de sa vie, sauf s'il décide d'en confier les clés à un informaticien (comprenez, un thérapeute), ou s'il prend la peine de se pencher dessus, comme vous le faites en ouvrant ce livre. Comprenez ceci : la stratégie de survie que vous avez mis en place pour vous protéger de votre blessure originelle contribue en fait à perpétuer votre

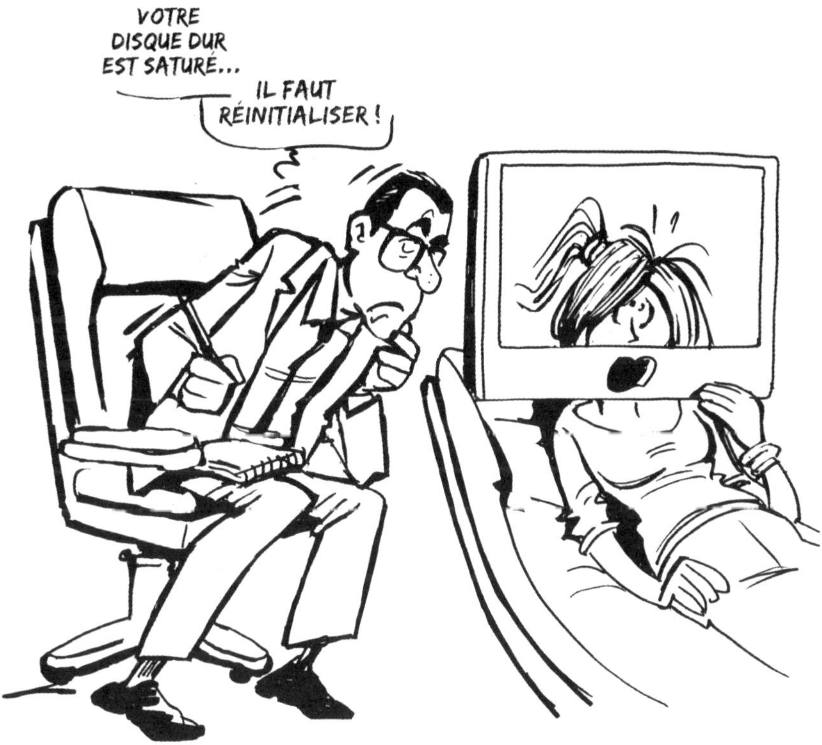

souffrance une fois adulte. Elle vous incite à revivre les blessures de rejet, d'abandon, de trahison, de frustration ou de manipulation de votre enfance, que vous pensiez pourtant avoir cicatrisées grâce à elle. Si elle s'est révélée utile dans votre enfance, elle est inefficace et contre-productive dans 99 % des cas à l'âge adulte. Vos comportements automatiques de protection vont contribuer à déclencher les pires expériences, que vous cherchiez absolument à éviter. Par exemple, si j'ai peur d'être abandonné, je vais devenir jaloux, et ma jalousie va précipiter la fin de la relation, comme si la prédiction s'autoréalisait par le biais même qu'elle créait dans mon appréhension de la réalité.

> LA STRATÉGIE DE SURVIE A ÉTÉ UTILE À UNE CERTAINE ÉPOQUE, MAIS NE SE RÉVÈLE PLUS ADAPTÉE.

Une part de la personnalité

Cette stratégie de survie n'est pas à juger ni à rejeter, elle a été et reste une part gardienne, donc bienveillante de votre personnalité. Elle a été utile à une certaine époque, mais ne se révèle plus adaptée aujourd'hui : les circonstances ont changé.

Si, par exemple, vous avez subi une agression dans l'enfance de la part d'un adulte, vous avez probablement bloqué votre réponse de combat. Il est en effet peu probable que vous soyez parvenu à vous

retourner contre votre agresseur : l'adulte était plus fort que vous. Vous avez donc été obligé d'intérioriser votre rage. Pour ne plus la sentir en permanence, vous vous êtes coupé d'elle, et donc d'une partie de vous-même, car vivre avec elle était certainement trop pénible. Cette stratégie a d'ailleurs tellement bien fonctionné qu'*a priori* vous ne la ressentez plus. En revanche, le mécanisme efficace que vous avez élaboré à l'époque, consistant à vous couper d'une partie de vous-même, est toujours à l'œuvre chez vous à l'âge adulte. Logique ! Enfant, vous avez testé une stratégie qui s'est révélée efficace, vous n'en aviez pas conscience. Il y a peu de chances pour que vous ayez déjà eu l'occasion de la modifier ou de la remettre en cause, à moins d'être passé sur le divan. Il est fort probable que vous continuiez d'imaginer que le monde extérieur est dangereux, menaçant, quand bien même il ne l'est plus. Votre colère interne perpétue la vision d'un monde extérieur agressif, alors que le danger a disparu depuis longtemps.

Ces programmes de base forment votre identité, votre personnalité, vos croyances sur les autres et sur le monde. Un peu comme des lunettes de soleil colorent la vision, votre personnalité colore votre carte du monde, vous crée des imaginaires, des valeurs, des émotions et une sensibilité sensorielle différente de celle de l'élu de votre cœur.

D'où l'intérêt de connaître et de reconnaître vos profils de survie privilégiés ainsi que ceux de votre partenaire amoureux. Ce livre vous propose une grille de lecture qui permet de saisir le sens et les motivations de ces stratégies, pour diminuer les réactions, les jugements hasardeux et les critiques qu'on a tendance à porter sur l'autre quand on ne le comprend pas. Vous gagnerez en tolérance et découvrirez des outils de compréhension de vous-même et de l'autre, afin de mieux vivre votre relation avec vos partenaires sur les plans cognitif, affectif et sexuel.

Le besoin d'attachement chez l'enfant

John Bowlby, un psychiatre et psychanalyste britannique du xxe siècle, a théorisé sur l'attachement dans *Attachement et perte*[1]. Chez l'enfant, il s'agit d'un besoin destiné à créer un lien durable avec la personne qui prend soin de lui et qui pourra, en cas de détresse, le rassurer, le protéger et lui procurer une proximité affective. Cette personne sera celle qui va lui donner une base de sécurité solide lui permettant de se sentir suffisamment soutenu pour aller explorer le monde. Ce lien se construit dans les premiers mois de la vie, le bébé acquiert alors la certitude qu'il ne sera pas abandonné à sa détresse : il sait que l'adulte va lui répondre. Sécurisé, il pourra devenir autonome.

L'enfant a d'immenses colères, d'immenses chagrins ; ces comportements ne sont pas des caprices, ils sont liés à l'immaturité du cortex préfrontal. Il n'a pas les capacités intellectuelles nécessaires pour analyser, prendre de la distance et en conclure que c'est le parent qui est défaillant sur tel ou tel registre. N'ayant pas encore acquis le concept de « séparation » du parent, il est incapable de s'imaginer être une bonne personne dans un environnement défaillant.

---

1. PUF, Paris, 1992.

Si l'environnement de l'enfant n'est pas à la hauteur de ses besoins, il va se sentir en détresse, impuissant. À ce sentiment de mal-être dans son corps, il associe le fait que quelque chose ne va pas en lui, « qu'il n'est pas une bonne personne ». Or il n'est pas en mesure d'évaluer que c'est le parent qui est défaillant. Il est important d'insister sur cette notion, qui sera utile pour comprendre les mécanismes de chaque profil : un enfant ne peut en aucun cas déprécier l'un de ses parents, quand bien même celui-ci l'abuserait, le maltraiterait, le négligerait ou ne l'aurait tout simplement pas désiré. Il a avant tout besoin de se sentir en lien avec lui, de son point de vue d'enfant : il en va de sa survie. Il fera donc tout ce qui est en son pouvoir pour protéger ce lien, un pouvoir somme toute limité, comme se raconter les mensonges les plus extravagants pour justifier la défaillance de l'adulte, ou même choisir de se sacrifier et de sacrifier son bien-être en se mettant au service du parent s'il ressent cette nécessité pour préserver le lien.

UN ENFANT NE PEUT EN AUCUN CAS DÉPRÉCIER L'UN DE SES PARENTS.

Le fait d'avoir été obligé de s'adapter dans son enfance forme ce qu'on appelle dans le langage courant « le caractère », qui n'est en aucun cas un hasard, mais la somme des expériences et une adaptation aux expériences traumatiques pour gérer les sentiments d'impuissance. Lorsqu'il a été impossible de protester, de fuir ou de se défendre sur l'instant, l'individu a géré avec les ressources qui étaient disponibles à l'époque.

Les cinq profils principaux de personnalité

Les cinq profils que nous allons vous présenter dans ce livre sont issus du modèle des structures de caractère de Wilhelm Reich, psychanalyste du début du XXe siècle, grand-père de toutes les psychothérapies corporelles contemporaines[2]. Chaque profil se construit à partir de blessures spécifiques qui interviennent à des stades différents du développement de l'enfant. Pour panser ces blessures, l'enfant met au point des stratégies de survie qui dessinent un profil de personnalité particulier, avec des comportements qui lui sont propres.

> PLUS LA BLESSURE INTERVIENT TÔT DANS L'ENFANCE, PLUS ELLE EST PROFONDE.

Ces profils sont présentés dans l'ordre chronologique, car plus la blessure intervient tôt dans l'enfance, plus elle est profonde : si le besoin de se sentir connecté à la vie a fait défaut à la naissance, la personne aura du mal à s'accorder, puis à faire confiance, puis à explorer, puis à aimer un autre que lui.

2. Wilhelm Reich, *L'Analyse caractérielle,* Payot, Paris, 1973.

1. Le frileux

Le besoin de connexion à son corps et à ses émotions est le premier besoin primordial, qui permet de sentir la vie nous traverser et détermine notre appartenance à l'espèce humaine, notre droit à exister en tant qu'individu dans ce monde, et à y prendre sa place. Il correspond au tout premier contact à la mère ou au parent, un contact qui permet au nourrisson de se sentir vivre.

Stratégie de survie quand ce besoin n'est pas satisfait : ne plus ressentir le désir de lien à soi, aux autres, au vivant, se déconnecter du corps et des émotions, tenter de devenir invisible, se désincarner.

2. L'altruiste

Dès que l'on se sent sentir en vie, connecté, le deuxième besoin qui apparaît est celui de s'accorder à l'autre, d'identifier et d'exprimer ses besoins initialement par rapport à sa mère.

Stratégie de survie quand ce besoin n'est pas satisfait : ne plus sentir ses propres besoins et donc être incapable de les exprimer, de faire une demande ou de poser ses limites.

3. L'alpha

Le troisième besoin correspond à celui de faire confiance à un adulte, qui est là pour nous protéger.

Stratégie de survie quand ce besoin n'est pas satisfait : contrôler son environnement, se méfier des autres, anticiper le danger ou l'agression, prendre le pouvoir sur autrui pour se protéger.

4. Le planqué

Une fois le sentiment de confiance avec l'adulte instauré, vers l'âge de 2 ans, apparaît le besoin de l'enfant d'explorer le monde extérieur, de développer son autonomie et l'expression authentique de ses désirs et de ses élans.

Stratégie de survie quand ce besoin n'est pas satisfait : faire semblant d'être quelqu'un d'autre, s'adapter à ce que l'on imagine que l'autre attend de nous pour ne pas être rejeté.

5. le clivé

L'enfant devenu adolescent a besoin de se sentir aimé et d'être aimé en intégrant l'amour et la sexualité.

Stratégie de survie quand ce besoin n'est pas satisfait : ne pas s'exposer à se sentir aimé et cacher sa vulnérabilité en scindant les sentiments de la sexualité.

Comprendre pour évoluer

En lisant ce livre, vous vous reconnaitrez probablement dans un ou plusieurs profils. N'allez pas

> Il n'y a pas de fatalité.

vous imaginer que chaque profil est gravé dans le marbre, comme si nous étions moulés avec nos « bizarreries », à prendre ou à laisser. Il n'y a pas de fatalité : toutes les inscriptions marquantes issues de la petite enfance peuvent se re-négocier à l'âge adulte. Prendre conscience de son profil, des blessures et des comportements qui lui sont spécifiques est une première étape capitale. Nous vous proposons des pistes qui vous permettront de vous affranchir de vos carcans habituels.

Depuis le début des années 2000, la science est venue confirmer ce que nous, psys, défendons depuis des décennies : les découvertes sur la plasticité neuronale prouvent que des changements de croyances et de comportements sont possibles et modifient le caractère de base.

En opposition avec l'ancien dogme selon lequel le cerveau se formerait dans les premiers âges de la vie et ne ferait que se dégrader par la suite, certaines études récentes réalisées dans le domaine des neurosciences et de la neuropsychologie ont montré que cet organe conserve sa malléabilité à tous les âges de la vie, de 5 à 70 ans. Plusieurs équipes de chercheurs, en Europe et aux États-Unis, ont ainsi publié des études[3] démontrant que l'entraînement du cerveau change son anatomie et son activité, et, par là-même, les capacités et comportements des sujets. Des volontaires, soumis à des programmes d'entraînement spécifiques pendant plusieurs semaines, ont vu leurs capacités dans certains domaines s'améliorer de manière importante. Des analyses par résonance magnétique fonctionnelle ont permis de constater que ces évolutions de capacité et de comportement étaient corrélées à des modifications anatomiques du cerveau et des connexions neuronales.

PRENDRE CONSCIENCE DE SON PROFIL EST UNE PREMIÈRE ÉTAPE CAPITALE.

Il est tout à fait possible d'identifier pour soi des traits émanant de divers profils, il ne s'agit en aucun cas de vous stigmatiser ou de vous étiqueter vous, ou votre entourage. Nous parlons de « structures de personnalité », avec toute la latitude que l'environnement, l'éducation et les petits cadeaux ou accidents de la vie modifient dans la palette infinie de nos caractéristiques. Aucun humain n'est semblable à un autre. Ce livre propose une grille de lecture et un descriptif des nombreuses stratégies

---

3. Kolb, B., Mohamed, A., & Gibb, R., *La recherche des facteurs qui sont à la base de la plasticité cérébrale sur le cerveau,* Magazine sur les troubles de la communication (2010), doi: 10.1016/j.jcomdis.2011.04 0.007.

de survie que nous avons déployés à des âges où notre incapacité à conceptualiser et à prendre de la distance nous a plongés dans l'impuissance. Tout au long de cet ouvrage, vous pourrez vous amuser à mieux cerner vos stratégies amoureuses, ainsi que celles qu'adopte votre partenaire amoureux.

Pour des raisons stylistiques, l'auteur et l'éditeur ont préféré renoncer à l'écriture inclusive, mais il va de soi que chacun des cinq profils concerne aussi bien le genre masculin que féminin.

***

le frileux de l'amour

Ce qu'il dit
« Je pense que je ressens… »

Sa petite voix intérieure
« Si je ressens, je m'effondre. »

Son formatage
Se déconnecter, se couper de soi, de ses émotions, des autres.

Sa blessure
Rejet, structure fuyante, fuite.

Son défi
Accepter d'être dans ce monde, de s'impliquer, de jouer librement dans le jeu de la vie, de s'ancrer dans la matière.

Qui est-il ?

Le frileux a eu des problèmes d'attachement à un stade extrêmement précoce. Les traumatismes qui ont formaté sa structure sont ceux qui remontent au plus loin dans le stade de développement de l'enfant, sur une période qui commence dès la naissance – voire *in utero* –, jusqu'à 6 mois.

Quand les traumatismes interviennent aussi tôt, l'individu devient plus vulnérable à tout ce que l'avenir lui réserve. En effet, on sait aujourd'hui, grâce aux sciences cognitives que, lorsque le traumatisme est précoce et survient avant le développement des couches psychologiques du cerveau (le cerveau émotionnel et le cerveau cognitif), les déséquilibres physiologiques ayant touché le développement du cerveau reptilien vont créer des dysfonctionnements conséquents sur le psychisme. Autrement dit, il n'est pas possible que l'enfant développe une psychologie saine dans les stades ultérieurs de son évolution à partir d'un fondement physiologique affecté.

> LE FRILEUX NE SE SENT PAS VRAIMENT APPARTENIR À L'ESPÈCE HUMAINE.

« Je ne me sens pas exister »

On parle de « profil existentiel » pour désigner une personnalité qui a des troubles de l'existence même.

Sa petite voix intérieure

« Si je ressens, je m'effondre. »

Le frileux ne se sent pas vraiment appartenir à l'espèce humaine, au monde des vivants. Chez lui, les dysfonctionnements affectifs sont si importants qu'ils vont se nicher jusque dans le corps : les sensations corporelles sont comme anesthésiées, le flux de l'énergie vitale ne circule pas.

Des difficultés à se mettre en lien

Le frileux a l'apparence de quelqu'un de détaché. Son entourage dit qu'il est un peu « dans sa bulle ». En fait, ce profil éprouve des difficultés à se mettre en lien, à s'attacher de façon saine, à se sentir connecté à lui-même et aux autres. Par peur de souffrir et de ne pouvoir gérer la souffrance qu'il a anticipée, le frileux évite de s'attacher ou de s'engager.

Mais qu'est-ce qu'un attachement sain ? C'est le fait de pouvoir s'attacher pleinement pour pouvoir se détacher pleinement. Ceux qui n'ont pas vécu de traumatismes précoces sont plus à l'aise dans leur manière de s'attacher et éprouvent moins de peurs à cette idée.

Aussi paradoxal que cela puisse paraître, de tous les profils, le frileux est probablement celui qui a le plus envie et besoin d'être en lien avec l'autre. Cependant, il est celui qui le peut le moins ! Pas de chance pour lui, ni pour ses partenaires... Logiquement, il est celui qui éprouve le plus de

difficultés en amour, parce que sa manière de s'attacher n'est pas fluide : elle est ambiguë.

Son conflit intérieur se résume ainsi : « J'ai envie, mais j'ai peur. » Il a profondément besoin de lien, mais éprouve une angoisse immense à l'idée d'être envahi. Il se sent rapidement débordé par les stimulations, c'est vite « trop » pour lui. Le contact aux émotions est faible : il en a peur, qu'il s'agisse des siennes ou de celles des autres, qui le renvoient aux siennes. Bref, il est mal à l'aise sur le terrain relationnel et sentimental.

Pas trop vite, pas trop fort

Pour surmonter ce « handicap », il émet des signaux doubles et contradictoires à destination de son partenaire : « Je suis intéressé, mais pas trop. » Ses maîtres-mots ? « Pas trop vite, pas trop fort. » S'il a, en face de lui, quelqu'un qui attend plus que ce qu'il peut donner, la peur augmente. Et le risque de rupture du lien aussi.

Car, dès que le frileux a le sentiment que « c'est trop », il choisit de se retirer dans son monde. Cela ne signifie pas forcément quitter la relation, mais s'en extraire. Il attire, puis repousse, puis réattire, puis repousse. Inutile de dire que ces va-et-vient peuvent être difficiles à gérer pour son partenaire ! Bien malin celui qui parviendra à décrypter ces signaux contradictoires.

La parabole d'Arthur Schopenhauer sur les porcs-épics va comme un gant au frileux : « Trop près, il se blesse aux piquants des autres, trop loin, il se sent abandonné. » Pour lui, la solitude est un fief dans lequel il peut se ressourcer. Quand bien même il se sentirait abandonné, il la préfère de loin.

À quoi ressemble-t-il ?

Il y a 70 ans, dans *L'Analyse caractérielle*, Wilhelm Reich a développé sa théorie des flux d'énergie dans le corps : dans un corps sain, il n'y a pas de cuirasses, la circulation de l'énergie est fluide et verticale.

Quand des traumatismes précoces surviennent, des spécialistes de l'attachement ont observé des segments de blocage, tout particulièrement au niveau des yeux et du regard. En effet, si la mère est en colère, dépressive, ou si elle a un regard dans le vide, l'enfant ne pourra pas se connecter correctement à son regard. Il va donc se couper, pour se protéger de ce lien dysfonctionnel. D'où ce blocage oculaire, ce regard vide ou dissocié.

Quand on regarde le frileux, on a le sentiment que son corps manque d'énergie. La tête ne semble pas accrochée au corps, il a « la tête dans les étoiles ». Sa respiration est faible. C'est comme s'il n'avait jamais atterri dans son corps. On observe généralement un blocage important au niveau de la base du crâne, ainsi que des tensions au niveau du diaphragme. On a l'impression que le thorax est figé.

> QUAND ON REGARDE LE FRILEUX, ON A LE SENTIMENT QUE SON CORPS MANQUE D'ÉNERGIE.

Le blocage oculaire va inciter le frileux à projeter un monde imaginaire, il ne voit pas la réalité telle qu'elle est, mais va la déformer et l'interpréter. Il s'agit d'une réponse physiologique, car, si la mère n'a pas pu se mettre en contact avec son bébé par le regard, celui-ci a été incité à ne pas voir ce qui se passait réellement, mais à vivre dans ses fantasmes, dans son imaginaire. On sait que la vision est le sens le plus important pour s'orienter. Si le petit enfant ne peut plus s'orienter facilement avec sa tête et son regard, il va bloquer et avoir un regard fixe ou vide. Les frileux ont donc un rétrécissement du champ visuel. Il en va de même pour le champ sensoriel : ils disent « manquer de profondeur ».

Frileux intellectuel ou spirituel ?

En raison des traumatismes précoces qu'il a subis, le frileux a dû se déconnecter de ses émotions, perçues comme trop douloureuses. Il s'est alors réfugié soit dans le domaine de l'intellect, soit dans la spiritualité. Le but était de pouvoir se détacher le plus possible des humains, avec qui il communique mal et se sent peu à son aise.

Le frileux intellectuel

Il a investi le champ de la pensée pour parvenir à canaliser et mettre à distance ses émotions.

Le phénomène de déconnexion

Quand les émotions douloureuses envahissent le nourrisson, celui-ci dispose de très peu d'armes dans son arsenal de défense, qui se résume essentiellement aux pleurs. Pleurer lui permet d'exprimer ses besoins (besoin de manger, d'être changé ou aimé). Lorsque le parent n'accède pas à ces demandes, celles-ci se font plus insistantes. Traduisez : bébé pleure encore et toujours plus fort. Si, pour diverses raisons, le parent ne répond pas favorablement à ces appels à l'aide, le nourrisson n'a guère d'autre choix que celui de renoncer, épuisé d'avoir réclamé sans recevoir. Ce renoncement se traduit chez lui par un figement du système nerveux : il éteint son besoin. C'est ce qu'on va appeler « la déconnexion ». L'enfant arrête de chercher le lien et tente de se débrouiller seul avec ses émotions, et ce d'autant plus que le fait de demander l'a épuisé émotionnellement.

Mais cette déconnexion empêche le système nerveux de s'autoréguler correctement. « Chez le frileux, l'énergie ne circule plus dans tout le corps de manière fluide, mais se concentre au niveau de la tête ». Sur le plan du comportement, cela va se traduire ainsi : « à partir de maintenant, on ne m'aura plus. Je vais maîtriser mon environnement en obtenant les informations et en comprenant comment le monde fonctionne, comment je fonctionne. »

Toute son énergie est concentrée sur l'intellect

Ainsi, le frileux intellectuel va manifester très tôt une appétence pour ce qui mobilise son intellect, développant des capacités d'apprentissage souvent supérieures à la moyenne. Il excelle à l'école dès le plus jeune âge, et choisira plus tard des métiers où l'intellect a la part belle et qui lui permettront de se montrer expert dans son domaine. Le savoir, la connaissance, la compréhension, le mode cognitif sont ses modes privilégiés.

Son maître-mot est : « Si je comprends, je peux faire face. » En psychothérapie, les frileux sont typiquement le genre de patients qui cherchent systématiquement à comprendre, à donner du sens, comme si la vie n'était qu'une suite de problèmes à résoudre. Pour eux, la voie royale est orientée sur le mode « penser le monde », et il leur est difficile de voir autrement. Malheureusement, comprendre ne suffit en général pas pour générer du changement.

> SON MAÎTRE-MOT EST : « SI JE COMPRENDS, JE PEUX FAIRE FACE. »

Dans la relation, le frileux intellectuel cherche à résoudre les problèmes de couple un peu à la manière d'un informaticien, en mode binaire : 0 ou 1. Il n'a pas conscience que la majeure partie des problèmes sont liés au fait qu'il se déconnecte du duo, qu'il gère tout par la raison et pense « problème/solution ». Le frileux veut comprendre et aime expliquer aux autres ce qu'il a compris. Il est fier d'être rationnel, et légèrement méprisant envers ceux qui vivent pleinement leurs affects. Pour lui, les autres se noient dans leurs émotions !

TU ES TRÈS ATTIRANTE CE SOIR...
"CE SOIR" ?.. NE SERAIT -CE QUE L'EXPRESSION D'UNE ATTIRANCE PHYSIQUE TEMPORAIRE SANS INTENTION AUTRE QUE SEXUELLE ??

Le frileux spirituel

Lui va préférer se sentir relié à un monde invisible qui l'accueille.

Ne pas dépendre

Un peu dans sa bulle, il a du mal à se sentir appartenir au monde des humains, comme s'il n'avait pas sa place sur Terre. Sa honte est d'être en vie, d'avoir l'impression de ne pas appartenir à des groupes, des bandes. Il se sent inadéquat, toujours un peu extérieur, comme un observateur. Sa fierté est de se sentir différent, supérieur aux autres, méprisant ceux qui ont des émotions. Il a le sentiment de ne pas avoir besoin des autres : « Je suis celui qui ne dépend pas. »

Se relier à la transcendance

Ainsi, il lui est plus facile de se relier à Dieu, à la transcendance. Il va développer un goût et des dons pour capter les énergies invisibles, tout ce qui a trait au spirituel. Extrêmement sensible, il a des antennes intuitives particulièrement performantes. Il lui est plus facile qu'à quiconque de percevoir. Il possède souvent des dons extrasensoriels. Le frileux a des facilités pour se déconnecter et se relier à une quête spirituelle. Ce goût prononcé se repère dans sa facilité à méditer, par exemple, ou à investir

> SOUS SON APPARENTE DÉCONNEXION DU RÈGNE HUMAIN, LE FRILEUX SPIRITUEL EST EXCESSIVEMENT RÉCEPTIF ET SENSIBLE.

dans cette direction. Cela l'amène à quitter encore et toujours le monde « ordinaire » des humains, et renforce sa structure de déconnexion.

L'impression d'être un peu à part, dans une bulle, ou en tout cas en décalage par rapport aux autres, fait qu'il va également fréquemment préférer le lien aux animaux. On retrouve beaucoup de frileux dans l'univers du cheval, par exemple, ou dans des métiers qui ont trait aux plantes ou aux minéraux. Bref, tout, sauf des humains !

Mais sous son apparente déconnexion du règne humain, le frileux spirituel est excessivement réceptif et sensible. Nombreux sont ceux qui souffrent d'allergies, d'intolérances alimentaires ou de phobies.

Comment se comporte-t-il ?

Un handicapé des émotions

Le frileux ne se sent pas comme les autres, il est en décalage, « à la ramasse ». En général, la sociabilité n'est pas sa priorité : c'est trop fort pour lui, qui n'éprouve pas de joie de vivre. Il ressent la plus grande difficulté à être dans un partage simple. Il est une sorte de zombie, de mort-vivant.

En entreprise, on reconnaît facilement les frileux de l'amour : ce sont ceux qui aiment tout gérer et contrôler. Avec eux, pas de place pour les débordements affectifs : on planifie, on rationalise, on analyse. Pas question de s'épancher devant tout le monde.

LE FRILEUX NE SAIT PAS SE METTRE EN COLÈRE FRANCHEMENT.

À la différence de certaines personnalités au tempérament sanguin, comme les alphas, avec qui nous ferons connaissance au chapitre 3 (voir p. 140), le frileux, lui, ne sait pas se mettre en colère franchement. Chez lui, la colère est froide, détachée, métallique et explicative.

À l'origine, l'impossibilité à poser des limites

La colère est indissociable de la notion de limites : elle est l'émotion qui met des frontières entre les autres et nous. Or, chez le frileux, le mécanisme qui a consisté à poser des limites de manière saine et tranquille n'a pas été intégré. Pourquoi ?

Du temps où il était nourrisson, c'est-à-dire vulnérable et totalement dépendant, la réponse d'attaque – crier encore plus fort, protester quand il ne recevait pas ce dont il avait besoin – n'a pas trouvé de réponse favorable de la part du parent, qui n'est pas venu le consoler. Cela signifie que la réponse « je peux me mettre en colère quand j'ai besoin d'être rassuré, d'être consolé » n'a pas été une stratégie efficace aux yeux de l'enfant. Le bébé a intégré que se mettre en colère ne servait à rien. Ainsi, le frileux n'a pas pu construire la réponse du « stop », qui permet de savoir imposer ses limites aux autres.

Le bébé n'ayant pas eu la chance d'avoir une réaction fructueuse en face de lui, l'émotion de la colère a disparu. À la place s'est imposée l'impuissance. L'individu a intégré qu'il ne servait à rien d'avoir des émotions. Plus tard, le frileux restera dans cette zone d'impuissance et de résignation. Au niveau du système nerveux, cela se traduit par ce qu'on appelle « l'effondrement du système ». D'où l'incapacité à se mettre en colère et le devoir de taire ses propres émotions.

Bien entendu, le frileux n'est absolument pas conscient d'avoir développé ce système de protection, même à l'âge adulte. Cette incapacité à recadrer, à savoir dire non, fait qu'il se sent très vite envahi par autrui et par ses émotions – comme le reliquat d'une mémoire très ancienne. Une fois adulte, pour compenser son impossibilité à bâtir une frontière entre lui et les autres, il est obligé d'établir une distance physique suffisamment sécurisante, mais aussi de se couper des autres, en montant dans l'intellect. C'est sa manière de survivre.

Derrière le masque de la froideur, la rage

Derrière le symptôme de déconnexion, il y a la rage, celle de se sentir séparé, en dehors de l'humanité. Il s'agit d'un sentiment très fort : pour se protéger, le système nerveux s'organise pour ne plus rien

SCÈNE DE MÉNAGE CHEZ UN FRILEUX

sentir. Autrement, ce ne serait pas gérable pour l'individu. La rage est donc contenue sous la forme de maîtrise intellectuelle.

C'est aussi pour cela que le frileux a du mal à être touché ou serré dans les bras très longtemps : il éprouve comme une peur de se dissoudre. Il ne peut gérer qu'un peu de contact, tout est très vite trop fort. Inutile de dire que, dans la relation amoureuse, où se vit un partage de l'intimité physique et émotionnelle, le frileux se sent rapidement mis en danger, de manière indescriptible.

Ce qu'il dit

« Je pense que je ressens. »

Un hypersensible

Malgré son apparence froide et raisonnable, le frileux, qui n'a encore jamais atterri dans son corps, a développé une immense sensibilité, qu'il cache dans la relation amoureuse. Lorsqu'il est en contact avec son corps, il ne ressent que les tensions et éprouve le plus grand mal à percevoir ce qui est agréable. Il dit d'ailleurs facilement qu'il ne sent rien. Ce n'est pas vrai : c'est juste qu'il n'y a pas accès. Nuance ! Sentir des émotions est très désagréable pour lui. Il peut même se montrer méprisant quand on l'interroge sur la manière dont il perçoit les personnes émotives : il se juge en général supérieur, lui qui est parvenu à maîtriser ses affects. Or, plus il est fier d'être peu en contact avec ses émotions, plus il va mal en réalité. Il s'enferme dans sa structure identitaire et ressent encore moins d'émotions. En fait, le serpent se mord la queue : en se mettant à l'abri des émotions blessantes, il se coupe des émotions plaisantes.

Sur le plan de la relation amoureuse

Cœur absent, le frileux a du mal à être proche des autres, et ne peut répondre de manière saine aux exigences d'une relation amoureuse adulte.

Dans la sphère sexuelle, le frileux est peu actif ou, s'il l'est, c'est de façon égoïste, pour aller vers des dimensions de transcendance personnelle. Il se sert de l'orgasme et de la jouissance pour partir dans son monde et fuir la réalité.

Sa phrase fétiche : « Si je m'ouvre, si je ressens, je vais être débordé par mes émotions. Rationalisons ! »

La peur d'être envahi

En amour, le frileux, c'est l'attachement évitant. Indépendant, il pense pouvoir tout faire tout seul, ce qui le rend un brin mégalo... Sa plus grande peur ? Être phagocyté, ou envahi. Il choisit donc de contrôler en mettant de la distance, et investit la sphère intellectuelle plutôt qu'émotionnelle. La relation amoureuse devient vite froide, analytique. Souvent méfiant, il donne l'impression d'être peu affecté par ce qu'il vit ; il ne se dévoile pas rapidement et préfère écouter l'autre.

Il perçoit facilement l'autre comme intrusif, même si ce n'est pas le cas. De son point de vue, c'est vite « trop ». Il éprouve le besoin de se contrôler et de contrôler son environnement. Lorsqu'il se sent submergé dans une relation, au lieu de mettre ses limites de façon claire, en exprimant son désaccord et en s'affirmant, il va avoir tendance à s'isoler, à prendre de la distance, sans explications – ce qui a en général le don de provoquer davantage de panique chez l'autre.

EN AMOUR, LE FRILEUX EST UN INDÉPENDANT. IL CHOISIT DE CONTRÔLER EN METTANT DE LA DISTANCE.

En réalité, il est déconnecté de son corps, sans en être conscient. Il ne le remarque pas, car, pour lui, c'est normal. Son mécanisme de défense privilégié est de s'isoler physiquement, en partant dans une autre pièce, par exemple. Même si celle-ci est petite, elle reste son territoire, un espace où il peut se réfugier. S'il ne peut pas se couper physiquement, il va se retirer mentalement et rêvasser, s'extraire. Il parle de manière détachée, préfère s'asseoir un peu à distance plutôt que tout près, et a du mal à soutenir le regard. Ces mécanismes sont pour lui une manière de se protéger de l'excès de stimuli. N'oublions pas qu'il ne peut pas en tolérer beaucoup, qu'il s'agisse de bruits, d'émotions, de sensations ou de conflits.

Une mauvaise image de soi

En amour, son mécanisme est très complexe : il projette une bonne ou une mauvaise mère sur le partenaire amoureux (on parle ici de la fonction mère, non de la vraie mère, qui peut d'ailleurs être incarnée par un homme). Il fonctionne de manière clivée : « Je suis bon ou je suis mauvais », « Tu es bon ou tu es mauvais ». « Si je suis puissant, si je m'affirme, si je suis en colère, je suis mauvais », donc je vais me réprimer. Ainsi, dans la relation, il aura tendance à se dévaloriser et à adopter des positionnements plus de victime que de persécuteur. Pourquoi ? Tout simplement parce qu'il n'a pas eu la réponse attendue d'un lien stable lorsqu'il était enfant. Il se définit comme le mauvais objet. En effet, le petit enfant est incapable d'imaginer que l'adulte qui s'occupe de lui est défaillant, car cela signifierait que la seule sécurité connue s'effondre. Il va donc se figurer qu'il est responsable de ces défaillances.

Quelles sont ses blessures ?

Le traumatisme du frileux remonte à la toute petite enfance. Entre le stade de la vie intra-utérine jusqu'à 6 mois, le frileux a ressenti qu'il y avait eu menace pour sa vie. Il existe différents types de traumatismes :

- Il n'a pas été désiré.
- Sa mère a éprouvé des difficultés durant la grossesse, ou à sa naissance.

• Sa mère est elle-même dissociée/frileuse, ou dépressive.

Dans tous les cas, la mère a éprouvé une difficulté à accueillir l'enfant avec chaleur et amour, ce qui est vécu par celui-ci comme une absence, un abandon.

Se déconnecter : une stratégie de survie

Pour comprendre la nature de ces traumas, il faut avoir en tête le système simple qui se joue chez le nourrisson : quand il a peur, froid, besoin d'être rassuré, consolé, pris dans les bras, nourri ou changé, il appelle sa maman. S'il appelle et que la réponse ne vient pas, le cri se fait plus fort. Si le parent ne peut assurer une présence, l'enfant va dans un premier temps protester. S'il constate que cela ne fonctionne pas, il va cesser d'appeler et faire le choix de s'éteindre. Les sensations corporelles s'anesthésient, ainsi que les émotions. C'est sa stratégie de survie : se déconnecter, afin de ne plus sentir la douleur des émotions. Quoi de plus logique ? Autre stratégie : devenir invisible, se faire tout petit.

> SA SOLUTION : S'ISOLER, SE REJETER ET REJETER LES AUTRES

Ainsi, l'enfant ne ressent plus la connexion qui le relie à sa mère. C'est pour cela qu'il a peur de ressentir une connexion aux autres par la suite, à l'âge adulte : la déconnexion lui a permis de survivre. La croyance de base associée est la suivante : « Si je ressens, je risque de mourir. » Le frileux a fait l'expérience de se sentir seul à devoir faire face. Voire, il a carrément été rejeté. Sa solution : s'isoler, se rejeter et rejeter les autres.

Un parent absent ou peu soutenant

Si la mère est elle-même dissociée, elle effectue les soins mais sans lien chaleureux, l'enfant est pris en charge sans chaleur maternelle. À cet égard, les travaux de Mary Ainsworth – une psychologue américaine du XXe siècle – sur des enfants observés en orphelinat en Roumanie sont particulièrement éclairants. Des tout-petits pris en charge pour être nourris et changés, mais sans interaction sociale, ont développé des troubles psychotiques, ou créé des gestes d'autocontact pour compenser le manque d'affection et se sentir exister.

Ainsi, si l'enfant arrive au monde sans ressentir les limites de son propre corps par un maternage chaleureux et rassurant, l'impression élaborée par son monde perceptif et sensoriel – qui est sa seule manière d'appréhender la réalité – est terrifiante : l'univers apparaît comme sans limites. L'enfant est plongé dans un vide intersidéral, alors qu'il était protégé dans un contenant matriciel, le ventre de sa mère.

C'est pour cette raison que le courant pédiatrique actuel reconnaît beaucoup plus le besoin pour le nourrisson d'être accueilli dès la naissance par un maternage sécurisant et contenant. Ce simple rapport physique est fondamental pour que bébé puisse sentir ses limites corporelles ; il permet d'induire chez lui un sentiment de sûreté. C'est la raison pour laquelle les stages d'apprentissage en haptonomie proposés aux futurs parents se multiplient. On y apprend comment tenir et porter bébé à la base du corps, pour donner la sensation du contenant. Cependant, la seule présence physique de la mère ne suffit pas : si celle-ci est dépressive, absente à elle-même, le résultat du côté de l'enfant est un sentiment d'absence.

L'importance du contact corporel

Auparavant, le bébé (*infans*) était quasiment considéré comme une chose qui ne pouvait pas sentir. Sa mère l'emmaillotait et l'accrochait dans un coin de la maison, de préférence près de la cheminée, pendant qu'elle retournait aux champs, à moins que, bénéficiant d'un statut social le lui permettant, elle ne le confiât à une nourrice en se contentant de l'apercevoir une fois par jour entre deux impératifs mondains. Le manier comme un objet n'était pas un problème, il était juste réactif en pleurant, criant ou tétant : son monde émotionnel en construction n'était pas pris en compte.

Les travaux des neurosciences ont évidemment beaucoup apporté à cet égard, démontrant que l'environnement social et affectif de l'enfant influence le développement de son cerveau affectif et cognitif, très malléable. Toutes les relations peuvent influer sur les circuits neuronaux et sur l'axe de régulation

Rejet, structure fuyante, fuite.

du stress. Jusqu'à 5 ans, le cerveau de l'enfant est très immature et incapable de gérer les émotions.

Or les humiliations verbales et physiques ont une influence physiologique sur son évolution. De même, l'expression émotionnelle est bénéfique pour un tout-petit, car elle permet d'apaiser et de réguler son cerveau émotionnel. Certains parents empêchent l'expression des émotions, contribuant à dérégulerle cerveau, et, plus largement, le système nerveux.

Ainsi, si dans la toute petite enfance, le système nerveux n'a pas pu se réguler correctement à cause d'un environnement défaillant, l'impact de cette expérience désagréable se fait au niveau biologique, purement sensoriel.

Le phénomène d'identification à la mère

Il faut comprendre qu'entre la vie intra-utérine et 6 mois – l'âge auquel interviennent les traumatismes du frileux –, il n'y a pas encore de « moi psychologique » formé : le « moi biologique », l'élaboration mentale qui va colorer notre personnalité, ne se forme que plus tard. Si, dans mon corps, je perçois de la douleur, je vais apprendre à filtrer le monde à partir de cette expérience.

Le frileux qui a souffert du rejet et de l'impuissance très petit va s'identifier à cette sensation. Il a perçu le monde à l'extérieur de lui comme étant dangereux ou agressif, et internalisé cette perception : « Je suis ça », « Je suis mauvais. » Pourquoi ? Parce qu'un nourrisson ne peut pas se vivre comme une bonne personne dans une mauvaise situation : il conçoit son moi et son environnement externe comme un tout. Il n'a pas encore les facultés cognitives pour les séparer. Plus tard, cela crée une distorsion de la réalité, un peu comme des lunettes colorées qui filtreraient le réel sous une certaine forme : « Je suis rejeté et le monde, les autres sont susceptibles de me rejeter à tout moment. Donc je vais compter sur moi et éviter de ressentir à nouveau cette sensation du rejet. »

Pour un nourrisson, les parents représentent l'univers. S'ils ne sont pas capables d'aimer, l'enfant va en conclure que l'univers entier n'est pas aimant, ce qui est totalement insoutenable et ne permet pas la survie. Pour supporter cette défaillance initiale, il va changer les données et établir que ce ne sont pas ses parents qui sont des mauvaises personnes, mais lui-même, afin de créer la possibilité d'être aimé.

Une fois adulte, chacun développe une identité en fonction des dynamiques des manquements de l'environnement dans l'enfance. La plupart du temps s'opère un conflit intérieur entre les besoins innés (pour le frileux : « J'ai envie, j'ai besoin de contact pour sentir l'existence me traverser ») et les manquements de l'enfance qui ont construit l'identité (pour le frileux : « J'ai peur du lien, je peux ne pas gérer un lien dangereux pour ma survie. Donc je vais devenir invisible, me faire tout petit. »)

La déconnexion, seule arme à disposition de bébé

La déconnexion, qui a été pour l'enfant la seule manière de survivre, de faire face, s'opère au niveau du cerveau reptilien. Si elle a permis au frileux de se bâtir une armure pour ne plus rien attendre du monde extérieur, elle est néanmoins synonyme d'une énorme charge émotionnelle restée bloquée dans l'organisme (rage, désespoir, activation du système nerveux en orthosympathique), qui n'a pu être libérée au moment où s'est passée la non-réponse.

LA DÉCONNEXION S'ACCOMPAGNE D'UNE CHARGE ÉMOTIONNELLE ÉNORME BLOQUÉE DANS L'ORGANISME.

C'est cette charge restée stockée en soi, physiologiquement, qui va générer des troubles du comportement comme la violence à l'âge adulte, ce que l'on appelle vulgairement « péter un câble », ou « perdre le contrôle ». En effet, quand on a trop retenu ses émotions, ou quand il y a trop de figements contenus dans l'organisme, à force de ne pas s'exprimer, on finit par exploser ou imploser. Ceci est souvent lié à une saturation du système nerveux, qui ne peut plus tolérer autant de stimuli.

Le frileux de l'amour est classé dans les introvertis. Mais attention à l'eau qui dort, car toute la charge émotionnelle reste stockée à l'intérieur. Lorsqu'il atteint ses limites, deux cas de figure sont possibles. Soit il choisit de se déconnecter, c'est-à-dire de s'isoler ou de battre en retraite pour se ressourcer et digérer ses émotions. Soit il explose de manière inattendue, ou passe à l'acte, mettant par exemple fin à une relation, pour un oui ou un non.

Pour récapituler...

Si un parent, qui fait office de pilier de sécurité, n'a pas offert le maternage adéquat, le bébé ou le fœtus a dû se figer, se rétracter, se faire tout petit et arrêter le développement des structures en formation dans son cerveau et ses organes, pour survivre.

• Le frileux a souvent un parent dépressif, ou instable émotionnellement, imprévisible. C'est souvent une mère traumatisée, soit par abus, soit par manque d'avoir reçu elle-même ce maternage nécessaire (on ne peut bien souvent pas donner ce que l'on n'a pas reçu). Une mère dissociée pour cause de traumatismes transmet ces éléments de dissociation à son enfant rien que dans sa manière de le porter, d'en prendre soin ou de s'adresser à lui. On sait maintenant que les traumatismes sont héréditaires et passent dans le placenta par un échange d'informations chimiques. Chez le frileux, l'attitude du parent est empreinte de froideur, de distance, de colère, de raideur, de frustration, d'absence de chaleur. Il a pu être agacé d'avoir à s'occuper de cet enfant, voire lui a reproché jusqu'à son existence.

• Il y a eu une naissance traumatique, ou le tout-petit a été séparé à la naissance ou très tôt pour cause de maladie, d'obligations professionnelles, ou autres raisons qui ont fait que l'enfant a senti du chaud puis du froid : contenant/chaleur puis froid/abandon.

• Le parent était trop sévère et n'a pas respecté les besoins de l'enfant, le grondant, ou le laissant pleurer, croyant que celui-ci le gèrerait très bien. Souvenez-vous de l'époque où l'on pensait que l'on devait régler le sommeil des bébés en les laissant pleurer... Cette croyance s'est révélée être une erreur éducative compte tenu du schéma qui s'installe dès lors au niveau du système nerveux : bébé appelle en pleurant. Il attend une réponse, la branche orthosympathique s'active, si la réponse ne vient pas, il crie. L'orthosympathique grimpe. Si la réponse n'arrive toujours pas, le système dépasse son seuil de tolérance et, au lieu de pouvoir désactiver par la branche parasympathique quand la réponse se fait, le système va retourner à l'homéostasie (la régulation) en passant par l'effondrement du système. Ce schéma s'installe en inscription dans le système nerveux et apprend à l'enfant que demander ne sert à rien.

En fonction de ces manquements de l'enfance (des « trous dans les mailles », comme les appelle Boris Cyrulnik), le frileux va donc développer à son tour des troubles de l'attachement. Il se contente d'un attachement plutôt froid, coupé de ses émotions et évitant, vite saturé par trop d'informations émotionnelles. Il va s'éloigner pour se protéger et digérer ainsi dans le retrait les contacts et émotions vécues.

En résumé, la relation idéale pour un enfant est une relation empathique soutenante, aimante et encourageante. Plus l'enfant vit des expériences d'empathie, plus il devient sociable, et plus il développera sa propre empathie qui est notre capacité à sentir et partager les émotions des autres sans s'y perdre (empathie affective), à comprendre les émotions et pensées des autres (empathie cognitive), et à prendre soin des autres (sollicitude empathique). Vous l'aurez compris, le frileux, lui, n'a en général pas reçu assez d'empathie.

Vous êtes un frileux... Que faire ?

Arrêtez de culpabiliser !

Si vous vous reconnaissez dans ce profil des frileux de l'amour, la première chose à faire est d'arrêter de vous culpabiliser d'être ainsi. Le fait de croire que vous êtes décalé et que vous ne parvenez pas à combler la personne que vous aimez vous plonge dans une grande culpabilité, qui aboutit à une impasse.

De plus, votre manière de gérer cette culpabilité, comme tous les autres sentiments d'ailleurs, est de vous couper encore plus. On n'en sort plus !

Dans un premier temps, le fait de comprendre que vos symptômes de dissociation et de détachement émotionnel sont en lien avec les traumatismes de votre enfance vous aidera à opérer les prises de conscience nécessaires. Il s'agit de la première étape du changement. Et ça tombe bien : vous comprenez mieux que quiconque, car passer par l'intellect est votre système préféré pour exercer votre emprise sur le monde.

PASSER PAR L'INTELLECT EST VOTRE SYSTÈME PRÉFÉRÉ POUR EXERCER VOTRE EMPRISE SUR LE MONDE.

Néanmoins, pardon de vous le dire, petit frileux, mais le seul fait de raisonner de façon logique en termes de causes à effets ne suffira pas à soigner ces troubles de dissociation. Focaliser votre attention sur les coupures relationnelles va augmenter les risques de souffrance, de vide et d'anxiété. Donc vous devrez aller un peu plus loin...

Apprivoisez votre corps et vos sensations

Vous avez un ressenti anesthésié de votre schéma corporel, car vos traumatismes vous ont obligé à vous couper très tôt de vos sensations. La plupart du temps, votre attention n'intègre pas les ressentis de votre corps, en particulier ceux relatifs à la partie inférieure, sous le diaphragme (ce sont les zones qui correspondant aux thématiques dites « d'ancrage »). Pour un psychothérapeute, il est au départ difficile de vous amener à sentir votre corps, car celui-ci est vécu comme un potentiel lieu de souffrance, de douleur, de froideur et de vide... Lorsqu'on vous pose la question : « Que ressentez-vous lorsque vous me parlez de ce problème ? », vous avez tendance à répondre : « Je ne sens rien, mais je pense que... » C'est votre formatage, et c'est justement là-dessus que vous allez travailler !

Votre quête consistera à apprivoiser vos sensations corporelles. Elles sont votre sésame indispensable vers toutes les autres progressions ultérieures. Vous allez évidemment trouver tout ceci ridicule, et être tenté de refermer ce bouquin. Mais, si vous avez envie de progresser, il va falloir vous y mettre.

Il s'agit de se concentrer sur les expériences qui vous ont permis de sentir de la connexion, du vivant. Vous devez tenter de renouer avec des sensations agréables. Par exemple, écouter le vent, sentir sa vibration dans votre corps. Regarder un paysage et laisser diffuser les sensations agréables que vos yeux captent. Manger un mets délicieux et prendre le temps de le savourer, d'abord avec l'odorat, puis avec le goût, puis avec tous vos sens. L'exercice consiste à agrandir le spectre de vos sensations, quelle que soit votre porte d'entrée vers le plaisir.

Son défi

> *Accepter d'être dans ce monde, de s'impliquer, de jouer librement dans le jeu de la vie, de s'ancrer dans la matière.*

Votre capacité à focaliser sur des ressources douces et agréables va vous permettre de vous autoréguler et de vous apaiser, afin de moins recourir systématiquement au processus de coupure pour vous protéger. Les ressources, ce sont toutes les stratégies qui sont en votre pouvoir pour percevoir des sensations agréables. Vous pouvez prendre le temps de noter ce que vous ressentez dans votre cœur et dans votre corps. La moindre ressource doit être appréciée, savourée. Vous devez apprendre à l'investiguer et à rester associé à la sensation le plus longtemps possible.

Massages, tantra, caresses, mets savoureux, parfums... Évitez de vous restreindre à la pleine conscience, la méditation, le yoga postural et tout ce qui renforce votre structure ascétique, même si c'est votre terrain de prédilection ! Ce qui vous permet d'éprouver des émotions vous offrira la possibilité de faire des progrès. Le but est de vous apprendre à vivre et à sentir, plutôt qu'à penser sans vivre.

Renouez avec la colère

Si vous êtes un authentique frileux, vous n'osez pas vous mettre en colère et vous craignez votre propre violence. Vous n'exprimez pas ce qui vous dérange, ce qui vous amène à retenir la rage, la frustration. Vous devez vous réapproprier l'émotion de la colère, en osant dire ce qui ne vous convient pas. Et ce, de façon progressive. Autorisez-vous cette émotion sans avoir peur du débordement contenu en vous-même.

Dès que vous commencerez à vous reconnecter, vous allez éprouver des émotions et des sensations. Mais vous allez aussi probablement vous sentir effrayé par ces émotions peu familières et avoir vite l'impression d'être débordé. La tentation sera de repartir dans la dissociation. Alors qu'au contraire, si vous commencez à ressentir des sentiments, voire même des sensations désagréables, c'est que vous allez mieux.

Sachez-le, vous aurez tendance à interpréter ces signaux comme inconfortables. Votre travail va pourtant consister à vous habituer au fait de vous sentir connecté, et il vous faudra arrêter de juger ces émotions comme autant de signaux de faiblesse. Se sentir connecté, c'est appartenir au monde, avec toutes les couleurs de la palette émotionnelle qui s'ensuit : colère, tristesse, joie, surprise, peur.

> VOTRE CHALLENGE EST DE REVENIR AU MONDE DES VIVANTS, DE RETROUVER LE GOÛT DU LIEN.

Votre challenge est de revenir au monde des vivants, de retrouver le goût du lien et de profiter des sensations et de vos émotions à chaque instant. Au lieu de vous vivre comme observateur ou témoin, vous parviendrez à acquérir le pouvoir de vous ressentir comme vivant l'expérience. Vous parviendrez avec plus de facilité à vous sentir à la fois dedans et dehors.

Pour aller plus loin... Quelles thérapies ?

Les psychothérapies les plus efficaces pour votre profil sont les thérapies corporelles. Pour sortir des problèmes de sentiment de déconnexion, vous avez intérêt à vous orienter vers des thérapies autour des troubles de la dissociation, comme la *Somatic Experiencing*, spécialisée dans les figements, et l'EMDR (*Eye-Movement Desensitization and Reprocessing*, ou désensibilisation et retraitement par les mouvements oculaires).

Vous êtes en couple avec un frileux

En général, vous vous sentez agacé par ses comportements hachés, ses allers-retours et ses perpétuels chauds et froids dans la relation, sans parler de ses hésitations à l'idée de s'engager.

Malheureusement pour vous, le juger et le blâmer ne fera qu'augmenter sa peur d'être incompris, et facilitera l'éloignement voire la rupture. Il va donc falloir la jouer plus fine... Les premiers moments de la rencontre peuvent être très touchants avec un frileux. Normal ! Au début, le frileux n'est pas encore confronté à ses difficultés à s'attacher entièrement. Et n'oubliez pas que, derrière sa carapace, c'est un hypersensible ! Car oui, malgré sa froideur, et son côté intello pour le type intellectuel ou inspiré par la transcendance pour le type spirituel, c'est une personnalité attachante, sensible, à l'écoute. Vous voilà pris dans ses filets !

La peur de l'engagement

C'est lorsque la relation s'installe que le frileux peut se sentir effrayé à l'idée de devoir tenir un engagement ou de répondre aux attentes de quelqu'un. Il n'aime pas dépendre de quiconque, ni de quoi que ce soit. Et il ne souhaite pas voir quelqu'un dépendre de lui, même si, en général, ce profil va attirer tous les dépendants et les fusionnels, et non des frileux comme lui.

Être en couple avec un frileux de l'amour nécessite une compréhension des mécanismes inhérents à ce profil « déconnecté ». Face à une demande, le frileux aura le réflexe de fuir ou de se réfugier dans sa coquille. Pour lui, c'est la seule issue, puisque l'autre réclame et devient exigeant, alors qu'il ne se sent pas à la hauteur de la demande. N'ayant de son côté pas reçu suffisamment dans sa petite enfance lors des premiers contacts avec sa mère, il s'est coupé de ce type de démonstrations, et ne sait pas comment donner.

C'EST LORSQUE LA RELATION S'INSTALLE QUE LE FRILEUX PEUT SE SENTIR EFFRAYÉ À L'IDÉE DE DEVOIR TENIR UN ENGAGEMENT.

On reproche en général aux frileux leur froideur, mais aussi leur manque d'implication émotionnelle, leur peur de s'engager, leur faible aptitude à communiquer et leur manque de connaissance et de capacité d'analyse de leur vécu intime. D'où les complications dès lors que la relation s'installe et s'approfondit. Le frileux commence à donner des signes de coupure du lien. Il se tait, ne dit pas ce qu'il pense, dès qu'il n'arrive plus à gérer. Il se retire dans sa bulle, ne sait pas mettre des mots sur ses émotions. Même s'il est présent, en face de vous, il est absent. Ce qui a en général le don d'agacer encore plus son partenaire, qui cherche à recréer du lien, et qui a de fortes chances de voir la porte se verrouiller encore un peu plus.

Essayez d'être en empathie

Il ne faut pas lui en vouloir d'être ainsi. Tenter de se « mettre en empathie » est la première chose à faire pour éviter que vos rapports ne se dégradent. Celui qui est le plus en souffrance (le moins coupé) doit à la fois rester dans le lien tant que c'est possible pour lui, et savoir prendre le frileux à l'endroit où il est. Car, bien souvent, le froid engendre du froid en face. Si l'un se coupe, l'autre peut insister au début, puis se couper aussi, et surtout juger négativement. Pensez à partager le bon, c'est-à-dire ce qu'il peut vous apporter que d'autres profils n'ont pas, comme son extraordinaire savoir dans certains domaines qui le passionnent, sa finesse d'esprit, sa fiabilité lorsqu'il n'est pas effrayé et distant. Si vous avez compris que cette personnalité a besoin et ce, de façon vitale, de conserver ses espaces de solitude, et que cela vous convient aussi, alors vous pourrez vous entendre avec lui.

La bonne attitude ? L'apprivoiser comme un chat sauvage. Il faut lui permettre de nommer par petites

touches des sensations agréables (s'orienter vers le positif) que vous expérimentez à deux. Le frileux sera peu sensible à vos approches tactiles, au départ ; il a en fait besoin d'un contact ferme au niveau de la peau pour éprouver des sensations et sentir ses limites corporelles. Il faudra y aller petit à petit, en l'aidant à développer la discrimination sensorielle. Il va devenir plus sensible grâce aux massages, à un toucher contenant, fluide, qui donne la sensation d'unifier les parties du corps vécues comme vides, ou non rattachées les unes aux autres. Essayez de ne pas passer d'une partie du corps à une autre en lâchant les mains, c'est-à-dire en créant une rupture du lien.

> LA BONNE ATTITUDE ? L'APPRIVOISER COMME UN CHAT SAUVAGE.

Ne lui reprochez pas son comportement

Dans la communication, le principe est le même : il faut essayer de rester dans le lien, même s'il l'évite. Vous pouvez passer par le mode écrit si besoin, en montrant qu'il compte pour vous, sans lui mettre la pression avec des exigences, tout en exprimant vos ressentis. Les reproches, la tyrannie des attentes... tout cela risque d'aggraver la situation. Si c'est trop difficile pour vous parce que vous vous sentez blessé, trouvez des ressources externes pour cesser d'idéaliser cette relation et retrouver votre base. S'il vous semble vraiment trop dur de continuer une relation avec un frileux, nous vous suggérons d'éviter ce profil, et de cibler quelqu'un plus en mesure de satisfaire vos attentes.

Mais souvenez-vous qu'être en couple avec un frileux vous fait travailler sur votre propre autonomie. Vous pouvez être attiré par un profil autonome qui vous montre le chemin à suivre, et en même temps lui reprocher son indépendantisme à tous crins ! En général, si vous êtes attiré par tel ou tel profil, c'est qu'il y a des raisons à cela. Notre inconscient nous guide souvent vers les profils qui vont nous renvoyer à nos propres manques, afin de nous permettre de travailler dessus.

COMPATIBLE

Avec quels profils le frileux est-il compatible ?

Frileux + frileux

Ils ne s'attirent pas forcément, ou vont se réunir comme des partenaires de colocation. C'est un ménage qui réussit de façon fonctionnelle, personne n'empiétant sur le territoire de l'autre. Mais cette coexistence ne présente que peu d'intérêt pour les deux frileux. Ils ne seront qu'un miroir l'un pour l'autre. Si l'un des deux se « dégèle » et attend plus, les données changeront et la relation prendra la tournure d'un évitant face un partenaire devenu dépendant.

Frileux + altruiste

Paradoxalement, le frileux s'intéresse à et attire ceux qui aiment trop, non les autres frileux. Son identité fondée sur la honte d'avoir des émotions et le besoin d'être connecté le pousse à se rapprocher de ce profil. Pourquoi ? Parce que c'est exactement ce dont il a besoin, au fond, même s'il va se sentir rapidement envahi. La complémentarité attire l'un vers l'autre et, en même temps, creuse le lit de l'abîme.

Frileux + alpha

Le frileux peut être attiré par une personnalité affirmée au départ, mais il risque de se sentir menacé par cette densité, cette puissance en excès, et ce « tout », partout ! Si le dominant est suffisamment autonome affectivement, cela peut fonctionner. Sinon, laissez tomber ! L'alpha reflète l'incarnation... C'est souvent un bon vivant, ce qui a tendance à attirer le frileux. Mais, bien souvent, il se montre un peu trop protecteur. Il cherchera à prendre en charge et à protéger le frileux, qui n'apprécie pas la transposition de la relation sur le mode parent-enfant.

Frileux + planqué

Cela peut être une bonne combinaison. Le planqué cherche aussi l'autonomie ou la revendique, même s'il est, en apparence, fusionnel. Il se déclare engagé, arrondit les angles, est volontaire pour construire et fournir les efforts pour faire couple. Mais le planqué de l'amour passe sous ombre les points d'insatisfaction. Comme le frileux, il n'ose pas les pointer. Le frileux parce qu'il est un analphabète émotionnel, le planqué parce qu'il a peur des conséquences fâcheuses qui peuvent en découler. Ils vont méconnaître ensemble les points qui fâchent, et peuvent ainsi vivre ensemble en fonctionnant en apparence de manière parfaite. Sauf qu'il n'y a pas de profondeur. Chaque partie y trouve son compte, mais de manière incomplète. S'il existe une forme de paix des ménages, l'authenticité n'est pas au rendez-vous. Le frileux et le planqué ne mettront pas en commun l'essentiel de l'intime des vécus, la relation restera en surface. Le planqué, moins déconnecté que le frileux, pourra se sentir frustré, notamment parce qu'il juge que le frileux ne donne pas grand-chose de lui. Le frileux s'y retrouve plus que le planqué : le premier s'organise dans son monde, le deuxième risque d'attendre quelque chose qui ne vient pas. Lassé, il pourrait passer à l'acte, rompre, devenir agressif ou se tourner vers d'autres relations...

Frileux + clivé

Romantique : le frileux et le profil romantique peuvent s'assortir grâce à leur peu de goût pour le contact charnel, mais aussi grâce au fait qu'ils se contentent de peu dans une relation. Ce sont deux profils compatibles, qui vont à terme privilégier la tendresse des petits riens du quotidien, et laisser la passion, le feu sexuel de côté. Le romantique aura peut-être d'autres aventures peu investies et se sentira stabilisé par la relation avec le frileux, qui s'arrange très bien de quelqu'un qui attend peu au niveau émotionnel. Un frileux peut trouver son compte avec une personne qui a aussi besoin de lui, mais sans demandes débordantes, conflits, ou reproches. Quelqu'un qui va donner des repères, une cellule familiale en assurant la sécurité des rôles maternels ou paternels, lui convient assez bien. Ce d'autant plus que le clivé est attaché à la réussite sociale. Il a fortement besoin de reconnaissance, et vit au mérite, ce qui n'est pas le cas du frileux.

Sexuel : en général, ils ne s'attirent pas. Le clivé sexuel peut être attiré par une beauté froide, mais il ne fera rien pour engager une relation durable.

Cela peut être une histoire à court terme. Les frileux s'engagent dans la sexualité comme les profils sexuels sans s'investir totalement, en donnant assez peu de leur personne. Mais le plaisir éphémère peut être au rendez-vous. Ils présentent des similitudes : les deux profils sont dissociés. Le profil sexuel n'est pas forcément attiré par le monde de la science, de la connaissance ou de la spiritualité : il cherche plus à sentir l'existence le traverser par le biais de la sexualité, ou de la réussite professionnelle, ce qui n'est pas l'obsession du frileux.

l'altruiste

celui qui aime trop

Ce qu'il dit
« Non, je n'ai besoin de rien, je n'ai pas de préférence. Et toi, qu'est-ce que tu voudrais ? »

Sa petite voix intérieure
« Il n'y a que moi qui prends soin des autres, personne ne peut prendre soin de moi… »

Son formatage
Peur de l'abandon, peur du manque, peur de perdre.

Sa blessure
Abandon, structure orale, remplissage.

Son désir profond
Se remplir le plus possible. Il attend des autres qu'ils le nourrissent affectivement.

Son défi
Sortir de son vide intérieur en étant comblé, se dégager de la peur du manque et de la peur de perdre.

Sa petite voix intérieure

« Il n'y a que moi qui prends soin des autres, personne ne peut prendre soin de moi. »

Qui est-il ?

On pourrait penser que l'on n'aime jamais trop. Que les valeurs du don de soi, de générosité, d'attention portée à l'être aimé sont nobles, donc à cultiver, et non à remettre en question.

Et pourtant... N'est-ce pas problématique de se pencher sur l'autre au point de finir par se décentrer de soi, jusqu'à ne plus se sentir du tout ? À son insu, coiffé du rôle de sauveur, l'altruiste ne peut s'empêcher de donner toujours et encore. Son obsession ? Chercher à rendre l'autre heureux.

Ses valeurs primordiales sont l'amour, la coopération et l'entraide. Dans son vocabulaire reviennent fréquemment les mots de « partage », de « bonté », de « compassion » et de « bienveillance ». Mais ce qui caractérise celui qui aime trop, c'est la systématisation de l'attitude de don : il ne peut s'empêcher d'être attentionné, agréable et avenant, pour combler les attentes des autres, supposées importantes.

En règle générale, ce goût du don investit de façon plus large les autres sphères de sa vie. Il est champion pour deviner de quoi les autres ont besoin ou envie. Avec ses antennes intuitives, il sait faire plaisir mieux que quiconque. Ses professions de prédilection ? Aide-soignant, infirmier, thérapeute, assistant social, éducateur, pompier... Tout ce qui lui permet d'exercer sa fonction de sauveur.

Ceux qui aiment trop disent se sentir vides et ont peur du vide. Chez eux, la solitude est vécue comme un retour au néant.

Altruiste anorexique ou boulimique ?

Ne pas recevoir suffisamment de soins affectifs dérègle le rapport à la nourriture. Le premier lien à la mère passe par la nourriture et, à travers cette façon de se connecter aux besoins de l'enfant, le parent transmet aussi sa tendresse, son amour, son attachement et surtout sa compétence à se mettre à l'écoute de ce tout-petit. Si, pour une raison ou une autre, le parent est mal dans sa peau, la manière dont il nourrit son bébé va en être affectée.

> SES VALEURS PRIMORDIALES SONT L'AMOUR, LA COOPÉRATION ET L'ENTRAIDE.

Soit le parent est anxieux et lui donne à manger même si l'enfant n'a plus faim – il va alors transmettre son anxiété par ses gestes ou sa manière de se tenir –, soit le parent est contrôlant et nourrit son bébé avec des horaires stricts qui ne correspondent pas à ses rythmes. Bref, les soins qui passent par la nourriture révèlent l'état intérieur de l'adulte.

En outre, si le parent qui nourrit ne donne pas le maternage affectif attendu, l'enfant apprendra tôt à utiliser la nourriture à la place de l'affectif, pour compenser ce manque douloureux. Par exemple, quand l'enfant pleure et que sa maman lui donne automatiquement le biberon au lieu de le rassurer, ou encore quand il pleure et que personne ne répond à ses besoins, ou toutes les situations où le bébé n'est pas compris dans ses demandes.

L'altruiste anorexique

Celui qui aime trop a vécu très tôt un traumatisme qui peut être de différentes natures : une séparation physique, une dépression ou une maladie de la mère. Cela peut aussi être dû à une crise qui a accaparé toute l'attention parentale, ou la nécessité de s'occuper d'un des frères et sœurs. L'individu a donc perçu, dès le plus jeune âge, qu'il ne devait pas déranger et être source de tracas pour son parent de référence. Il a renoncé à ses propres besoins pour protéger le lien. Il s'est focalisé sur ceux du ou des parents.

Ce type de traumatisme intervient à partir de l'âge de 6 mois, jusque vers 18 mois. Il s'agit de la phase de développement de l'accordage, période où le bébé développe la capacité de se relier à l'autre, tout en cherchant à se connecter à ses propres besoins. S'il y a une déficience de l'environnement durant cette phase, l'enfant va développer un mode de survie adaptatif : il éteint ses besoins et s'accorde à ceux du parent.

Les besoins de base des petits enfants sont multiples et le rôle du parent ne consiste pas uniquement à prodiguer des soins nourriciers, mais à réguler,

Ce qu'il dit

« Non, je n'ai besoin de rien, je n'ai pas de préférence. »

rassurer, communiquer, éveiller, stimuler et favoriser les conditions de repos.

Si ce n'est pas le cas, le bébé ne peut pas apprendre à se réguler. Et, pour faire face à ces manques, il décide : « Je n'aurai pas de besoins au-delà de ce que mon environnement peut me fournir. Si je les restreins, cela va diminuer ma souffrance. » D'où une structure dépressive : ne plus ressentir ses besoins génère une dérégulation sur la branche parasympathique du système nerveux. L'énergie vitale fuit, au lieu de circuler.

Plus tard, même si l'environnement s'enrichit, l'adulte qui est passé par cette étape de développement compliquée et qui s'est habitué à peu ne parviendra pas à prendre ce qui lui est offert. Il n'a pas reçu assez de nourriture affective, ce qui aura des répercussions notamment sur le système digestif. Il n'assimile pas bien la nourriture (tous types de nourritures).

SA DEVISE EST : « JE FAIS AVEC PEU. »

Quand les besoins sont inassouvis, il n'y a pas d'autre moyen que de restreindre son « moi », comportement qui va perdurer à l'âge adulte. Et si la personne ne travaille pas sur ses schémas, cela peut durer toute sa vie. L'adulte éprouve une incapacité à s'accorder à ses propres besoins, mais possède celle de s'accorder à ceux des autres.

Sa devise est : « Je fais avec peu. » En revanche, l'anorexique fait très souvent à manger en profusion pour les autres ; il est fier de ne pas avoir de besoins. Il a le sentiment de contrôler en décidant de ne rien devoir à personne. Pour éviter de sentir le vide, il devient hyperactif : il fait tout pour éviter de se confronter à son manque.

« Et toi, qu'est-ce que tu voudrais ? »

L'altruiste boulimique

Si bébé pleure et que la ré- est de lui donner à manger, de le prendre dans les bras pour écouter son besoin véritable, l'enfant va apprendre à ingérer de la nourriture dès qu'il éprouve une sensation douloureuse plutôt que d'identifier son vrai besoin.

Il ressent le vide. Or, à l'inverse de l'anorexique qui diminue ses besoins, l'altruiste boulimique utilise la nourriture pour remplir le vide et gérer son dérèglement physiologique de base. Il éprouve un mélange de faim et de dégoût. C'est comme une mémoire de ce passé qui ressurgit : « J'avais besoin et je n'ai pas eu. » Il souffre d'un immense sentiment de manque dans tous les domaines de la vie, pas uniquement à propos de la nourriture. D'ailleurs, ce sentiment d'insatisfaction permanente attire toute son attention, comme une béance qui réapparaît à tout moment. Il manque d'affects positifs et se réfugie dans le chagrin. Il ressent donc le besoin de manger dès qu'il constate le manque.

Les symptômes physiques

• Dépression thoracique.
• Niveau d'énergie généralement bas.
• Boulimie ou anorexie fréquentes.
• Regard pénétrant, tourné vers l'autre.
• Troubles psychosomatiques : spasmophilie, troubles du sommeil, zona, eczéma.

Comment se comporte-t-il ?

Les besoins de sa mère sont passés avant les siens

L'altruiste se présente comme une personne sociable, avenante, pleine d'émotions, sensible et empathique. Toujours prêt à faire un geste pour l'autre – qu'il s'agisse d'offrir un cadeau ou d'avoir une attention délicate –, il cherche à être approuvé, à plaire. En réalité, il a tellement pris l'habitude de se focaliser dès la petite enfance sur le besoin de sa mère (ou de son référent prioritaire), qu'il est plus tard devenu un expert dans le fait de s'occuper des besoins des autres. Il excelle dans l'art de deviner ce que l'autre aime, attend et préfère. Il a mis en place des petites antennes intuitives pour décoder l'autre, avant que ce dernier en soit conscient. C'est la stratégie qu'il a adoptée pour survivre.

Il croit qu'il n'a besoin de personne

L'altruiste pense qu'il n'y a pas de place pour ses besoins. Car celui qui aime trop croit qu'il n'a besoin de personne : seuls les autres ont besoin de lui. Paradoxalement, il a profondément le sentiment d'être en besoin. Mais il éprouve une honte à le ressentir. Cette croyance – « Je n'ai besoin de personne » – est si présente, que l'altruiste a orienté toute sa vie autour de cette contre-identité : « Je n'ai besoin de personne, ce sont les autres qui ont besoin de moi. »

Il joue au sauveur et est corvéable à merci, puisque sans cesse penché sur les besoins des autres. Dans cette spirale infernale de donner trop, il finit en victime : « Après tout ce que j'ai fait pour toi, tu ne me rends pas la pareille... C'est injuste ! » se dit-il en son for intérieur.

Si son entourage le met en face de ses actes, et ce d'autant plus qu'il se plaint d'en faire trop, il ne l'entend pas : « Mais non, ça me fait tellement plaisir d'aider, j'y trouve mon compte », ou « Je n'ai pas le choix, je me dois de..., si je ne le fais pas, personne d'autre que moi n'est capable de le faire. » Dans son discours, celui qui aime trop donne le sentiment que donner, être altruiste, est une qualité naturelle, et qu'il n'attend rien en retour. Ne vous laissez pas avoir, ce

Son formatage

Peur de l'abandon, peur du manque, peur de perdre.

n'est pas vrai ! Il attend un signe de reconnaissance tangible, un merci ou un retour réciproque. Mais il est trop orgueilleux pour le reconnaître.

Dans la vie professionnelle, à la maison, au quotidien, l'altruiste est extrêmement productif : il est celui qui débarrasse la table pour tout le monde et s'en plaint après. Mais il n'arrive pas à fonctionner autrement. Une fillette qui a dû aider sa mère aux tâches ménagères dès le plus jeune âge n'arrivera pas à se départir de ce schéma. L'altruiste a du mal à dire non, à imposer ses limites aux autres.

L'ALTRUISTE A DU MAL À DIRE NON, À IMPOSER SES LIMITES AUX AUTRES.

L'épuisement peut facilement le guetter. Il est la personne parfaite qui épaule, soutient, est le confident idéal pour écouter les petits malheurs des uns et des autres, car il a d'excellentes qualités d'écoute. Empathique, il aime être au centre et possède un fort besoin de reconnaissance. Il n'aime pas la solitude.

Chez lui, la croyance selon laquelle il n'a besoin de personne est tellement ancrée qu'il est de ceux qui militent et vont jusqu'à se sacrifier pour une cause. Pensez aux professions tournées vers les autres et qui mésestiment leurs propres besoins : les médecins qui fument comme des pompiers, les infirmiers ou les urgentistes en burn-out, les policiers qui n'arrivent pas à ménager de plages horaires pour leur famille ou les enseignants en congé maladie ou en dépression. Tous ces clichés ont une part de vérité. Il donne aux autres ce qu'il ne parvient pas à se donner lui-même.

Il ne connaît pas ses besoins

L'altruiste n'est pas en mesure de reconnaître ses propres besoins. Et quand bien même il finit par les pointer, il n'imagine pas qu'ils puissent être satisfaits.

En thérapie, quand on pose à un altruiste la question suivante : « Quel est votre besoin ? », il regarde généralement son interlocuteur bizarrement. Il ne comprend pas bien la question. Tourné vers l'autre, il méconnaît la grille de ses besoins. Il est comme anesthésié sur cette question. Et même si les ressources qui pourraient satisfaire ses besoins étaient disponibles dans son environnement, celui qui aime trop ne va pas les saisir ou les voir. Comme si cette nourriture abondante ne pouvait pas être prise.

Si un altruiste essuie un refus, au lieu de regarder dans une autre direction afin de se saisir de signaux positifs, il va s'attarder, se focaliser et s'enliser dans cet échec. Il se montre incapable d'identifier ce qui pourrait être disponible dans son environnement pour se remonter le moral. L'altruiste se complaît dans la peine et concentre son attention sur les points de rupture de lien, qu'ils soient passés, futurs ou élaborés dans son imaginaire. En s'y noyant, il amplifie la réactualisation de ses traumas d'abandon.

L'altruiste donne... et attend en retour !

L'altruiste donne aux autres, en clamant haut et fort qu'il n'attend pas de retour, que c'est juste pour le plaisir de donner. Mais ne vous y trompez pas : il donne pour recevoir des signes de reconnaissance positifs. Et ça, il ne le reconnaîtra jamais ! Il y a une forme d'orgueil à méconnaître la nécessité d'exprimer des demandes : « Je suis fier de n'avoir besoin de rien. En revanche, je vais donner à la place. » En réalité, son besoin est d'être aimé en retour. Et ce besoin est méconnu, même par lui.

Chez l'altruiste, on observe également une forte envie d'être deviné par l'autre. Dans l'idéal, il aimerait que les autres, comme lui, parviennent à pressentir ses propres envies. Il se berce d'illusions : « Si on s'aime, si on s'entend bien, on sait ce qui est bon pour l'autre. » Cela génère des comportements passifs : l'altruiste évite de demander et attend que l'autre le prenne en charge. Mais il lui en voudra ensuite de ne pas être compétent et attentionné envers lui.

> NE VOUS Y TROMPEZ PAS : IL DONNE POUR RECEVOIR DES SIGNES DE RECONNAISSANCE POSITIFS.

Sur le plan de la relation amoureuse

Cœur en manque, assoiffé, inquiet, dépendant, la sexualité apporte à l'altruiste un sentiment de satisfaction et de plénitude éphémère. Il l'utilise pour combler le vide et le manque. Elle peut devenir un piège qui nourrit la dépendance et la possessivité. L'amour et la sexualité sont envisagés sous le prisme du soin et de l'attention aux besoins – en résumé, ce qui lui a le plus manqué.

Sa phrase fétiche : « Je ne mérite pas d'avoir des besoins. Si j'en ai, je risque d'être rejeté. »

Aider les autres pour s'empêcher de s'aider soi-même

Celui qui aime trop a peur d'exprimer des besoins, il s'imagine qu'on va le rejeter. Il anticipe le rejet avant de l'avoir vécu et fait beaucoup d'efforts pour s'adapter et plaire. Il est prêt à tout pour contenter l'autre, le faisant passer avant lui (sans s'en rendre toujours compte), pour ne pas le perdre. Il s'agite et se rend indispensable : cela lui évite de sentir le vide et ses vrais besoins.

Dépendant affectif

Ayant vécu des blessures d'abandon dans le passé, l'altruiste est souvent dépendant affectif. Dès qu'il commence à imaginer que l'autre pourrait de nouveau le quitter, il retrouve la sensation de béance qu'il a éprouvée dans son enfance. De quoi réactiver la peur que cela a généré chez lui petit. Mais il n'en a pas conscience : la menace vient de ce mal-être intérieur qui n'est pas identifié et relié à la blessure d'origine.

> L'ALTRUISTE SE CRAMPONNE À L'AUTRE DÈS QU'IL IMAGINE LE MOINDRE SIGNE DE RETRAIT.

Comme il gère mal le vide existentiel, l'altruiste se cramponne à l'autre dès qu'il imagine le moindre signe de retrait de sa part. Son besoin est de recevoir la nourriture affective dont il a tant manqué. Et, en même temps, il ne peut l'exprimer ouvertement, par peur de l'abandon, du rejet.

S'il est attiré par quelqu'un, et que ce dernier ne manifeste pas de signes d'attirance particuliers, l'altruiste n'osera pas demander. Il s'imaginera que l'autre va le rejeter. Il préférera donc se résigner plutôt que de s'autoriser à demander et à prendre le risque du rejet.

Le spécialiste des mésalliances

Certains altruistes préfèrent être avec quelqu'un qu'ils aiment moins mais avec qui ils se sentent désirés, plutôt qu'avec quelqu'un qu'ils aiment plus mais qu'ils imaginent ne pas mériter. Ils font des choix par défaut, ou se laissent choisir. Ils restent longtemps dans des relations insatisfaisantes sur le plan affectif ou sexuel. Par passivité, par résignation, ils n'imaginent même pas mériter mieux, ou gardent l'espoir que la personne changera plus tard, comme leur parent qui ne donnait pas assez mais qui, un jour, aurait pu se transformer en bon parent.

On dit que l'espoir fait vivre... Dans le cas de l'altruiste, l'espoir est contre-productif, car il le conduit à rester trop longtemps dans une relation dysfonctionnelle sans avoir le courage de renégocier autre chose. Cet espoir fait partie des mécanismes élaborés pour survivre dans l'enfance, comme le fait d'imaginer que le parent défaillant se transforme, voire de rêver d'être adopté par une autre famille. Bref, garder l'espoir permet de soutenir l'environnement pour ne pas s'écrouler. L'adulte garde cet espoir en trace, un espoir qui n'est pas remanié. C'est pourquoi, dans la relation amoureuse, l'altruiste a des attitudes souvent passives : la résignation et l'impuissance sont des émotions qui lui sont familières.

Autre scénario possible : l'altruiste s'attache vite, mais, pour éviter de souffrir, préfère finalement se protéger en n'y allant pas. Cela concerne ceux qui ont senti combien ils pouvaient être potentiellement dépendants et ne veulent plus l'être. S'il est en couple et que l'autre commence à être à ses petits soins, celui qui aime trop va vite se sentir redevable et se mettre à vouloir rendre à son tour. Il se sent toujours en dette, sauf lorsqu'il donne. Évidemment, ce n'est pas forcément conscient.

Le mendiant de l'amour

L'altruiste est tellement avide de contact, de toucher réparateur, qu'il peut donner jusqu'à s'oublier. Il s'en rend compte, mais après coup, et va le marchander, en jouant au jeu du sacrifice : « Je t'aime tant, après tout ce que je fais pour toi... Tu devrais... » On appelle cela « l'enfant revanchard ». Si les besoins exprimés ne sont pas satisfaits, l'altruiste va avoir du mal à insister et rapidement se résigner, comme cela a été le cas dans le passé. Il ne peut pas imaginer que ce qu'il demande puisse être obtenu, parce que les expériences du passé où il a demandé n'ont pas été fructueuses.

> L'ALTRUISTE VIT ENCORE ET TOUJOURS LES TRAUMAS DE L'ABANDON ET DU MANQUE.

Vous l'aurez compris, ce profil se sent vite abandonné et s'abstient de demander. Ou alors, il va réclamer et paniquer très vite dès que l'attention ne sera plus suffisamment sur lui. Plus la panique monte de ne pas avoir assez, plus l'altruiste réclame (trois miettes), moins il obtient. Car, en général, ce profil est attiré par quelqu'un d'autocentré (voir p. 110 le chapitre consacré aux compatibilités).

Comme dans un cercle vicieux, l'altruiste vit encore et toujours les traumas de l'abandon et du manque, et revisite sa frustration initiale : il se plaint mais ne reçoit pas assez, car il se met en situation de mendier l'amour – sauf pour le profil anorexique, qui dénie le manque. Il s'empêche de redevenir acteur, car il garde l'espoir que la personne qu'il idéalise change, pour leur donner à tous deux à nouveau le petit morceau de bonheur auquel ils ont goûté à un instant T. Il ne peut même pas imaginer qu'il pourrait avoir beaucoup mieux que cela, car il est formaté ainsi : « Je ne mérite pas d'obtenir ce dont j'ai besoin. »

Sur le plan sexuel, l'altruiste se déporte sur les besoins de l'autre, guette ses signaux de satisfaction, essaie d'imaginer la meilleure stratégie pour donner du plaisir ou faire jouir. Il se sent responsable du plaisir du partenaire, fait beaucoup plus de gestes qu'il n'en faut. Il fait à l'autre ce qu'il imagine lui plaire, se met la pression pour être un bon amant, et se décentre de lui-même. Le problème, c'est que cela provoque au contraire une perte de désir chez le partenaire, qui ne sent plus le désir de l'altruiste, coupé du sien pour se pencher sur celui de l'autre.

Quelles sont ses blessures ?

Je suis indispensable

Celui qui aime trop a inscrit, au cours de son enfance, une réponse automatique à un moment crucial de détresse sous la forme suivante : « Je suis celui qui peut transformer mon parent défaillant fragile en parent heureux. Comment ? En me comportant en enfant sage, mature, consciencieux, en aidant ce parent et en répondant à ses attentes. Je crois que j'ai le pouvoir de rendre sa vie meilleure, ou a contrario, de le rendre malheureux. »

Sa devise est : « C'est grâce, ou à cause de moi. » Une posture bien évidemment égocentrique de la pensée magique du petit enfant qui ramène tout à lui, faisant tourner le monde avec lui seul pour centre. Qu'appelle-t-on la pensée magique de l'enfant ? L'enfant croit par exemple que le simple fait de prononcer une parole engendre une action sur la réalité ayant le pouvoir de création. Il a un sentiment de toute-puissance. À l'âge adulte, cette inscription reste en trace. Le parent n'est plus aussi central, il est remplacé par un autre objet d'amour.

Sa blessure

Abandon, structure orale, emplissage

Combler les défaillances du parent

L'enfant est comme une éponge, il capte pratiquement toutes les informations émanant du parent qui représente pour lui le pôle sécurité, même si elles lui sont cachées et ce, dès la naissance. De fait, il fait alliance avec la partie la plus émotive de son parent, celle qui, à un niveau très profond, ressent tout si fort que ses décisions et agissements partent de là. En analyse transactionnelle (qui se concentre sur les échanges relationnels entre plusieurs personnes et sur les rôles qu'ils endossent dans la « transaction »), on parlera de l'Enfant dans l'Enfant du parent. Si, par exemple, son parent est dépressif, l'enfant captera son immense détresse et fera alliance avec lui. Quand bien même ce parent ne pourra pas s'occuper de lui convenablement, l'enfant laissera tout passer pour venir à son secours. Même s'il lui crie dessus, s'il n'est pas vraiment présent pour lui, s'il lui fait remarquer que sa vie pèse sur lui, l'enfant fera toujours en sorte de le protéger. De même, l'altruiste se fait tout petit pour ne pas déranger plus et ajouter une couche de problèmes supplémentaires.

L'ALTRUISTE SE FAIT TOUT PETIT POUR NE PAS DÉRANGER PLUS.

Dans le cas d'une mère dépressive ou débordée par une trop grosse charge de travail, il va se sentir obligé de « sauver maman ». De fait, il n'a pas le choix, il y va de sa survie ! Si maman va bien, alors il s'imagine qu'il sera sain et sauf , ce qu'il se dit, sans l'élaborer vraiment car c'est instinctif : « Si je fais quelque chose pour mon parent défaillant, alors tout ira bien et, de plus, c'est à moi de faire quelque chose ici ! »

Ainsi se positionne-t-il comme le parent du parent. Or, cela ne devrait jamais être le cas, car l'enfant doit être protégé par le parent, non l'inverse.

Cette interaction, plus fréquente qu'on ne le croit, existe car l'enfant capte, grâce à son intuition, l'état du « moi enfant » le plus archaïque de la mère, l'enfant dans l'enfant de la mère, là où se logent toutes ses émotions, même les plus refoulées. Elle peut être très malheureuse et penser réussir à le cacher, mais l'enfant parvient à capter de nombreuses émotions, car il est encore comme le prolongement de maman.

Ce rôle qui consiste à se vouloir indispensable, tout-puissant en croyant détenir autant de pouvoir et en rendant autrui heureux ou malheureux est rempli sans remise en question. Dès l'enfance, l'altruiste a perdu la notion de ses limites en cherchant à se façonner en fonction des attentes d'un parent censé le protéger. Il n'a pas pu s'occuper de ses propres besoins. Adulte, il ne sait toujours pas s'en occuper. Il lui est toujours plus simple de se pencher sur l'autre que sur lui.

IL EST PRÊT À TOUT ET N'IMPORTE QUOI POUR RETROUVER UN CONTACT SOI-DISANT SÉCURISANT.

Cette stratégie d'aider, pour être important et aimable aux yeux du parent, n'était-elle pas vaine ? L'altruiste a certainement pu se rendre compte, adulte, que quoi qu'il fasse son bien-être ne dépendait pas que de lui. Mais s'éloigner de cette illusion n'est pas chose facile... Va-t-il continuer de se perdre pour être digne d'être aimé toute sa vie ? Il prétend aimer, mais n'est-ce pas plutôt : « Regarde-moi, je suis quelqu'un de bien ! »

Éteindre ses désirs

À l'inverse du frileux, celui qui aime trop a eu le sentiment d'être connecté tout petit, puis il a perdu la connexion. Il a vécu un traumatisme d'abandon, où l'enfant si fragile, si dépendant a dû chercher du réconfort, et s'est trouvé seul à faire face. Si bébé pleure, il appelle maman ; si maman ne répond pas, il appelle plus fort ; et si maman ne répond toujours

Son désir profond

Se remplir le plus possible. Il attend des autres qu'ils le nourrissent affectivement.

pas, il crie, s'époumone, puis finit par se résigner en sombrant dans un sommeil agité de faible qualité. Ce schéma, à force de se répéter, suffit à inscrire ce script qu'« il ne sert à rien de demander, puisque je n'obtiens pas ».

L'enfant va donc apprendre à ne plus appeler et, pour survivre, demander peu. En grandissant, il va tout de même avoir besoin de garder le lien avec ce parent dont il est dépendant. Pour un tout-petit, il est extrêmement anxiogène de se sentir seul dans l'univers entier : physiquement, il ne sent pas les limites de son corps, il sort de la matrice et, si le parent ne propose pas le contenant adéquat pour l'envelopper et lui faire prendre conscience de ses propres limites, il va se sentir projeté dans un vide immense insoutenable.

Voilà pourquoi, une fois adulte, l'altruiste deviendra si accro au contact, à la fusion et aura tant de mal à « défusionner ». Il retrouve ce sentiment du vide très angoissant dès qu'il revisite la solitude ou la rupture du lien. C'est comme un goût amer qui remonte à la surface, comme s'il était projeté dans un univers froid, avec une envie irrépressible de retourner au chaud, voire n'importe quel chaud ! Il est prêt à tout et n'importe quoi pour retrouver un contact soi-disant sécurisant.

Sauf que certains se perdent dans ce schéma. Pour remplir le vide, le chaud peut vite devenir une dépendance affective à la nourriture, au tabac, à l'alcool ou au travail, même si la préférence de l'altruiste va à la nourriture affective pour réparer les trous béants de son enfance. C'est seulement s'il ne la trouve pas qu'il aura recours à d'autres stratégies addictives pour combler le vide.

Vous êtes altruiste… Que faire ?

Vous reconnecter à vous

Pour corriger ce trait excessif d'aimer trop et mal, il ne s'agit pas de s'aimer soi et plus rien d'autre que soi… Pour ces « trop aimants », la peur se loge dans le fait d'être jugé comme un égocentrique à l'idée de s'aimer et de ne prendre soin que de soi. Le travail à réaliser est plutôt d'être de nouveau capable de se tourner vers soi et vers l'autre dans la relation.

Un exercice (difficile !) proposé en thérapie pour ce profil est d'essayer de voir comment vous pourriez vous sentir connecté à l'autre et à vous en même temps. Il s'agit de vous apprendre à revenir à vous – ce qui ne signifie pas rompre le lien avec l'autre. Au début, vous pensez « ou bien je suis avec moi, ou bien je suis avec l'autre ». Puis, peu à peu, vous commencez à faire des allers-retours, pour au final développer cette compétence qui consiste à ne pas perdre la connexion à soi dans le lien à l'autre. Tout un apprentissage…

Si vous cessez de passer après l'autre, vous retrouverez votre intégrité, vous apprendrez à identifier vos propres besoins et gagnerez en autonomie pour ne plus vous perdre dans l'autre et arrêter de le sanctifier comme un dieu. Vous apprendrez aussi à poser vos limites, à aimer sans vous déserter, ni vous nier. Et, surtout, vous arrêterez de vous mépriser ensuite d'avoir tant donné à perte. Car celui qui aime trop est souvent aigri en raison de cet autre qui ne lui rend jamais tout ce qu'il lui offre.

Cessez de culpabiliser

Ne vous culpabilisez pas de donner autant à perte et de ne pas obtenir l'amour escompté en retour. Ces traits de personnalité sont inscrits en vous depuis la plus tendre enfance, comme un mode adaptatif de survie. Vous comprenez ce que signifie le dicton « Prends soin de toi pour prendre soin des autres », mais votre identité est tellement construite autour du fait de s'occuper des autres que vous ne parvenez pas à changer de fonctionnement pour autant. Cela relève de l'ordre existentiel : « Je n'existe que si je suis gentil, aimant, chaleureux et attentionné. »

> SI VOUS CESSEZ DE PASSER APRÈS L'AUTRE, VOUS RETROUVEREZ VOTRE INTÉGRITÉ.

Identifiez vos besoins

Vous éprouvez de la frustration parce que vous ne recevez pas ce que vous avez l'habitude de donner facilement.

Claude Steiner[1], a proposé une grille sur l'économie des caresses en analyse transactionnelle. Elle est composée de quatre cases : donner/demander/recevoir/refuser des signes de reconnaissance verbaux ou physiques. Les Belges parlent de « caresses », les Anglo-saxons de *strokes* positifs ou négatifs (coup en négatif et caresse en positif).

Ces quatre manières de faire circuler les signes de reconnaissance sont importantes à repérer, notamment pour voir quelles sont celles qui sont moins investies, moins fluides. Remarquez que, dans votre cas, il y a un excès de distribution des signes de reconnaissance sur la case « donner », qui crée un déséquilibre avec les autres cases.

Donner	Recevoir
Demander	Refuser

Demander ce dont vous avez besoin est compliqué pour vous. Recevoir des signes de reconnaissance positifs, comme les caresses et les compliments,

1. Claude Steiner, *L'Économie des signes de reconnaissance,* A.A.T., 5, 1978, pp. 16-21. C.A.T., 1, pp. 94-99.

Son défi

> Sortir de son vide intérieur en étant comblé, se dégager de la peur du manque et de la peur de perdre.

l'est encore plus : vous avez tendance à poser un filtre déformant qui empêche de recevoir. Par exemple, si quelqu'un vous offre des fleurs pour vous remercier de votre invitation, vous lui répondez le fameux : « Il ne fallait pas, je n'en ai pas besoin ! »

Acceptez les signes de reconnaissance dont vous avez besoin, et refusez ceux que vous ne voulez pas recevoir. Chez vous, tout jugement négatif est absorbé et pris personnellement. Vous avez du mal à remettre les critiques à leur juste place.

Prenez plaisir à recevoir

Pour initier votre parcours du changement, commencez par apprendre à recevoir, un peu comme un exercice à pratiquer plusieurs fois par jour. Recevez pleinement et totalement les signes positifs que les autres vous délivrent. Ingérez-les, profitez-en avec tous vos sens. Car vous avez tendance à ne pas vous appesantir dessus, à filtrer et à imaginer que ce n'est pas sincère, ou que vous ne le méritez pas. Bref, vous vous arrangez toujours pour ne pas prendre.

Puis, au cours de chaque journée, tentez de remettre le plus possible le zoom sur vous : que ressentez-vous ? De quoi avez-vous besoin, envie, au lieu de partir en mode automatique sur : « En quoi les autres pourraient avoir besoin de moi ? » Allez dans le sens de vos besoins et, si ce n'est pas possible à cet instant T, veillez à ce qu'ils soient satisfaits à un autre moment. Mais arrêtez de vous oublier, de vous perdre dans les autres, en prétextant que vous n'avez pas le choix, que c'est pour votre famille, votre partenaire, votre patron...

Ce qui risque d'être difficile, c'est de tolérer l'abondance. Vous avez du mal à recevoir beaucoup d'un coup, vous le vivez comme « trop ». Souvenez-vous que la privation appartient au passé, que l'abondance est présente, mais que vous n'arrivez pas à la reconnaître. Progressivement, apprenez à tolérer un petit peu plus, puis encore un peu plus, pour agrandir l'espace des ressources. Comme si vous pouviez à nouveau ingérer, internaliser dans l'expérience tout ce qui n'a pas pu être. Vous parviendrez ainsi à mettre un terme à la culpabilité de recevoir, au lieu de vous imaginer que vous ne le méritez pas.

RECEVEZ PLEINEMENT ET TOTALEMENT LES SIGNES POSITIFS.

Sortez du rôle de sauveur

Comprenez une chose : si vous êtes dans une posture de sauveur, vous allez attirer ou être attiré par des victimes, c'est-à-dire des personnes fragiles/à sauver, ou par des persécuteurs, c'est-à-dire des personnes qui vous reprochent de leur venir en aide alors qu'elles ne vous ont rien demandé.

APPRENDRE À RECEVOIR
FALLAIT PAS...
JE SAIS PAS QUE DIRE...
C'EST TROP...
... ET POURTANT J'Y VAIS TRÈS PROGRESSIVEMENT !

Dans tous les cas, cela se finit mal pour vous. Les rôles se renversent à tous les coups. Avec une victime, vous terminez persécuté, car, quand la victime est sauvée, elle en a marre. Avec un persécuteur, vous terminez en victime. Le rôle de sauveur n'est jamais conservé très longtemps, parce que sauver n'est pas aider. La frontière est subtile. Aider, c'est prendre soin sans prendre en charge, sans faire à la place de l'autre, sans intervenir s'il n'y a pas eu de demande claire. Ces relations entre sauveur, persécuteur et victime correspondent à la théorie du triangle de Karpmann[2].

Triangle de Karpmann

Autre piste incontournable à explorer pour évoluer : passez des moments de solitude à ne prendre soin que de vos besoins (investissez la case « se donner à

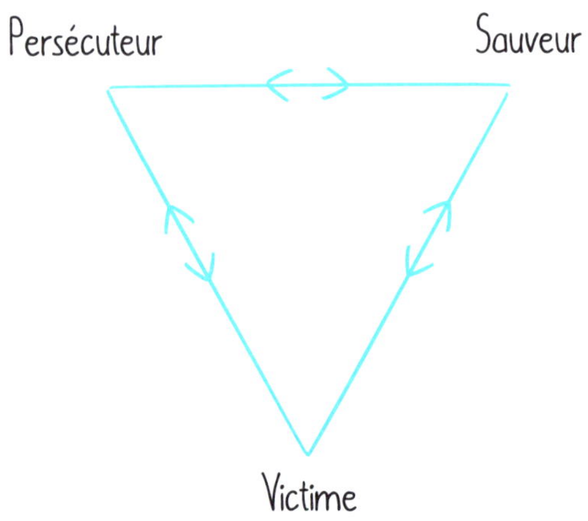

2. Stephen Karpman, *Comment passer de la manipulation à la compassion et au bien-être relationnel,* InterÉditions, Paris, 2017.

soi-même » au lieu de « donner aux autres »), c'est un retournement du « je fais plaisir aux autres » en « je me fais plaisir ». Quand le plaisir est là, accrochez-vous à lui, en le faisant durer. Car vous aurez sans cesse tendance à repartir dans l'idée que « c'est mieux avec quelqu'un », pour le profil « boulimique », et que « il n'y a pas de plaisir du tout » pour le profil anorexique, qui est fier de ne pas avoir de besoins. Il y a toujours un manque de douceur pour soi chez l'altruiste.

Posez vos limites

Apprenez à dire non, à poser vos limites et à cesser d'aller au-devant des demandes. Vérifiez que la personne que vous vous empressez d'aider a véritablement besoin de vous, que c'est de votre ressort, que vous êtes compétent, que vous en avez vraiment envie. Est-ce le bon moment ? Avez-vous assez d'énergie ? Prenez le temps d'écouter avant de déployer vos services tous azimuts. Plus le stress monte, plus la peur du vide augmente, plus vous serez tenté d'aider, de faire plaisir en mode « sauveur ». Si vous ne vous écoutez pas, vous avez le réflexe de vous réinstaller dans votre rôle de sauveur, « grâce à moi » ou « à cause de moi » vous serez heureux ou malheureux. Excessif, non ?

IL Y A TOUJOURS UN MANQUE DE DOUCEUR POUR SOI CHEZ L'ALTRUISTE.

Cultiver la gratitude envers les petits rien de votre quotidien peut se révéler être une pratique fructueuse pour vous empêcher de focaliser sur vos manques et pour apprendre à mieux les tolérer. Apprenez à reconnaître vos qualités au lieu d'idéaliser les autres, à en dépendre ou à les rendre dépendants.

Dans la sphère de la sexualité, prenez conscience que vouloir bien faire pour l'autre n'est pas la meilleure stratégie pour une sexualité épanouie. Vous avez tendance à vous calquer sur une transaction parent-enfant. Il vous faut changer cette posture de : « Je prends en charge ton plaisir. » C'est ce qui va permettre de faire de la place à l'autre, de lui laisser sentir son propre désir. Il vous faut parvenir à utiliser le corps de l'autre pour vous faire plaisir sciemment, sans être constamment préoccupé par sa manière de ressentir. Pour cela, faites confiance à la responsabilité de votre partenaire, qui est capable de manifester ce qui lui convient ou non. Dans la sexualité, chacun est responsable du fait de se donner du plaisir avec le corps de l'autre – même si vous n'aimez pas l'idée que l'on s'utilise l'un l'autre, puisque, dans votre cadre de référence, l'amour figure au premier plan. Ce n'est pas parce que chacun reprend la responsabilité de son plaisir qu'il n'y a pas d'amour.

Pour aller plus loin… Quelles thérapies ?

Pour votre profil, tous les types de psychothérapies sont adaptés, tout simplement parce que vous avez facilement accès à vos émotions. La Gestalt-thérapie, l'analyse transactionnelle, l'hypnose, l'EMDR (*Eye-Movement Desensitization and Reprocessing*, ou désensibilisation et retraitement par les mouvements oculaires), la *Somatic Experiencing*, les TCC (thérapies comportementales et cognitives), les thérapies énergétiques vous conviennent. La pleine conscience, la méditation, le Satsang (méditation en groupe), ou même une retraite silencieuse peuvent vous aider à vous recentrer et à moins vous laisser envahir par vos émotions.

Vous êtes en couple avec un altruiste… Que faire ?

Dans un premier temps, vous avez trouvé ses attentions charmantes, régénératrices et rafraîchissantes. En vous sentant si investi, vous avez alors peut-être déployé à votre tour une envie de donner en retour. Puis, curieusement, au bout d'un certain temps, vous vous êtes senti comme vidé de votre substance, vampirisé, envahi par trop d'amour.

Pourquoi ? Parce que, en étant au centre de toutes les attentions, vous vous retrouvez dans la position de celui qui pourvoit à tous les besoins affectifs, nommé à votre insu responsable en chef du bonheur ou du malheur de l'autre. Vous avez l'impression d'avoir un poids lourd sur les épaules.

Identifiez son marchandage affectif

Avec l'altruiste, la loi du tout ou rien s'exerce : « Je suis tout pour toi, tu es tout pour moi. Je veux être au centre de ton attention. Avec tout ce que je fais pour toi... Si tu m'échappes, si tu as d'autres centres d'intérêt, si tu te détournes de moi, je suis en manque. Et je te le fais payer par des reproches, des bouderies, ou tout simplement en te fermant mon cœur. »

C'est une forme de marchandage cruel : « Je crois que, si je te donne tout de moi, tu vas te sentir si aimé que tu ne pourras pas te passer de moi. »

L'altruiste se déserte, se quitte pour se pencher sur vous et se dévouer tout entier à votre bonheur. En vous positionnant au centre de sa vie, il s'aveugle et ne sait plus pourvoir à ses besoins d'être aimé ou regardé sans passer par vous. En vous attribuant un pouvoir que vous n'avez parfois même pas désiré ou réclamé, il vous rend otage de son amour. La tyrannie commence là.

DERRIÈRE LE MASQUE DU DONNANT, DE L'AIMANT, L'ALTRUISTE EXIGE D'ÊTRE IMPORTANT.

Derrière le masque du donnant, de l'aimant, l'altruiste exige d'être important pour vous. Sans que ce jeu soit dévoilé, il dit haut et fort : « Je t'aime, je t'aime, je veux que tu sois bien, je ferais tout pour que tu sois heureux... », quitte à s'oublier, à méconnaître ses zones d'inconfort en se désertant ainsi. Par-dessus tout, il clame qu'il n'attend rien en retour...

En vérité, il attend, mendie des regards ou de l'attention, sans en être vraiment conscient ou capable de le reconnaître. Car nous ne sommes pas toujours conscients de nos zones d'ombre... Pour son image de marque, l'altruiste a plus intérêt à se targuer d'être quelqu'un de généreux plutôt qu'un mendiant de l'amour qui attend un retour, un signe de reconnaissance pour se sentir important, ou tout simplement exister.

Gérez son sentiment d'abandon

Sachez que cette personnalité aura tendance à revisiter les moments d'abandon, de deuils ou de séparation qu'il a mal gérés. Dès que vous l'observez partir dans son scénario traumatique, n'alimentez pas la prise en énergie... Car ce refuge illusoire est semblable à une prise de courant, et l'altruiste est très fort pour s'y ficher et s'électrocuter tout seul. Donc, quand il revit ses moments d'abandon en votre compagnie – et cela sera vite le cas, surtout si, avec vous, il découvre l'inverse, en plein épisode fusionnel, son système nerveux ayant tendance à basculer dans le souvenir du manque –, ne l'écoutez pas sans rien dire pendant une heure, au risque qu'il se complaise dans son désespoir et son impuissance. Sachez orienter son attention sur ce qui va bien pour lui, ce qui le ressource dans la vie. Aidez-le à vérifier que ses besoins peuvent être satisfaits, au lieu d'anticiper l'inverse, car c'est son mécanisme privilégié.

Par exemple, après un moment de plein échange, si vous devez partir, il risque de paniquer ou de se montrer possessif, de vouloir plus de lien. Pourquoi ? Parce qu'à l'intérieur, il ressent le vide existentiel plus que d'autres profils. Pour fuir ce vide, il s'accroche à vous comme une moule à son rocher.

AVEC CELUI QUI AIME TROP, LE PASSÉ EST VITE MÊLÉ AU PRÉSENT.

La béance est comme un piège auquel on se laisse prendre, l'altruiste ne fait pas exprès d'y retourner. Mais revisiter le chagrin initialement imprimé ne l'aide pas à s'en dégager. Malheureusement, avec celui qui aime trop, le passé est vite mêlé au présent, et la confusion se crée. Apprenez à le questionner régulièrement sur ses besoins, parce que lui n'en a pas l'habitude. Faites-le d'autant plus quand vous observez qu'il devient généreux à l'excès, s'agite, en fait trop, ou cherche à s'adapter, à se conformer, à plaire.

Apprenez-lui à identifier ses besoins

À l'aide de la pyramide de Maslow, vous pouvez former votre partenaire à identifier ses besoins. Posez-lui la question : « À ton avis, quels sont tous les besoins de l'être humain ? » Permettez-lui de les sentir, puis de les exprimer.

Vous pourrez constater que l'altruiste a du mal à rester connecté à lui-même et à vous en même temps dans la relation. Posez-lui la question suivante : « Que sens-tu en toi quand tu me parles ou quand tu me touches ? » En général, il sent l'autre ! Il perd la connexion à lui dès qu'il est avec autrui.

La pyramide des besoins selon la pyramide de Maslow : l'accomplissement de soi[3]

C'est d'ailleurs la raison pour laquelle il se gère mieux seul. En effet, même si la solitude le renvoie à la peur du vide passée, il est plus apte à se sentir ; il est dégagé du poids d'être tourné vers l'autre, dépendant de son regard et de son évaluation. Car l'altruiste est une éponge émotionnelle. Il y a chez lui un problème de frontières : « Je sens ce que tu sens. » En réalité, il croit sentir ce que vous

3. Abraham Maslow, « A Theory of Human Motivation », *Psychological Review,* n° 50, 1943.

sentez, car on n'est jamais vraiment l'autre, même quand on est un champion de l'empathie.

La juste distance

Il faut permettre à votre partenaire de comprendre que la distance relationnelle va l'aider, en entrant en contact avec son vide existentiel dans la solitude. S'il arrive à s'en approcher sans être débordé émotionnellement, il va devenir capable d'avoir une relation « normale », en sortant de sa dépendance affective.

Si votre partenaire est fier de ne pas avoir de besoins, aidez-le à comprendre que c'est faux, qu'il peut recevoir des soins, de l'aide, de l'attention, et prendre, tout simplement ! Sachez que lui ne demandera jamais ! Apprenez-lui à prendre de l'oxygène, de la nourriture, de la place : c'est en lui donnant cette place que vous restaurerez un peu de son identité construite sur la fierté de ne pas avoir besoin.

Quand celui qui aime trop devient frustré parce qu'il est tyrannique ou possessif, et qu'il s'imagine qu'il ne peut pas gérer sans vous, rassurez-le sur le fait qu'il compte pour vous, sans forcément aller dans le sens de ses attentes. De fait, il a plus besoin de savoir que vous êtes dans son cœur qu'autre chose. Restez aligné sur votre position, ne faites pas différemment pour lui. Vous n'êtes pas obligé de répondre à ses attentes. Mais vous pouvez l'écouter en douceur, et le rassurer sur le fait que vous ne comptez pas partir.

N'abusez pas de son côté serviable, dites-lui que vous avez besoin de lui en fixant une limite. N'oubliez pas qu'il a du mal à se connecter à lui et à dire non. Et, lorsqu'il ne peut s'empêcher de donner des conseils que vous n'avez pas demandés, arrêtez-le gentiment. Dites-lui que c'est gentil de s'inquiéter pour vous, mais que vous êtes capable de vous débrouiller sans lui.

Quand la crise survient

L'altruiste a tendance à éviter le conflit, à faire profil bas et à arrondir les angles… s'il ne fait pas tout pour plaire dix fois plus ! Il cherche à noyer le poisson dans un premier temps, car il a envie de rester dans le lien : « Je tiens à toi, moi ! »

N'OUBLIEZ PAS QU'IL A DU MAL À SE CONNECTER À LUI ET À DIRE NON.

Il s'oublie, tente de nier sa colère, et se tourne toujours et encore plus vers vous en s'adaptant. Puis, quand le lien redevient sécurisé, ce profil, particulièrement émotif, fait « de la confiture de pensée ». C'est-à-dire qu'il perd sa lucidité et son objectivité : il se met à croire dur comme fer que l'autre a tous les torts, et se perd dans les couches émotionnelles. Il s'énerve, car il passe de « Je bloque mes besoins et je te fais passer avant toute chose (toi et la relation) » à « Je suis frustré, insatisfait, et j'exige que mes besoins soient satisfaits… maintenant ! »

D'altruiste, il tourne tyrannique. Il aura du mal à vous écouter dans cette phase-là, car il va camper sur son argumentation envers et contre tout. Il a commuté vers un registre « désidéalisant ». Vous devenez possiblement manipulateur, pervers, négligent, malveillant... Bref, vous êtes la personne à abattre.

En ce cas, laissez passer la crise émotionnelle, ne le prenez pas trop personnellement et, si vous tenez à votre partenaire, tentez de sécuriser le lien. Comment ? En lui montrant qu'il compte pour vous et occupe une place très importante dans votre vie. Cela aura comme conséquence de le rassurer. Prenez-le dans les bras, soyez démonstratif, attentionné, communiquez. Les altruistes sont des êtres qui adorent dialoguer et qui sont souvent adeptes de la communication non violente.

Avec quels profils est-il compatible ?

L'altruiste et le frileux de l'amour

Ils s'attirent : l'altruiste a envie de sauver le frileux, de lui donner tout son amour pour le réchauffer. Ses antennes captent son immense besoin de connexion. Seulement, l'altruiste ne sait malheureusement pas se protéger du frileux lorsque celui-ci va prendre ses distances. Car le frileux se sentira étouffé, envahi par trop de paroles. Il vivra l'altruiste comme un hypercontrôlant. Ce dernier risque de se sentir blessé et d'accroître sa peur panique de l'abandon, vécue dans l'enfance, ce qui le rendra plus demandeur encore. Cercle vicieux garanti !

L'altruiste et l'altruiste

En général, ils ne s'attirent pas vraiment, comme c'est le cas de tous les profils similaires. Les altruistes ne restent pas très longtemps ensemble, si ce n'est dans une reconnaissance gémellaire, fort agréable certes, mais qui ne leur apporte pas de valeur ajoutée. Et ce d'autant plus que les altruistes sont attirés par des personnes à problèmes, positionnées en victimes fragiles ou torturées à sauver !

L'altruiste et le dominant

Celui qui aime trop peut rester avec des personnes qui ne lui correspondent pas, quitte à se sacrifier, pour se prouver qu'il est capable de se débrouiller. Il ne sait pas dire non et a du mal à fixer ses limites : il peut supporter quelqu'un qui le domine. En attendant que cela s'arrange, il va même parfois jusqu'à l'excuser, surtout si le dominant revient avec une once de culpabilité. L'altruiste voudra alors y croire et pourra céder.

N'oubliez pas que l'inscription de départ est la résignation et l'accordage à l'autre, quand bien même celui-ci ne lui apporte pas la nourriture affective adéquate. Le dominant, lui, est un contre-dépendant : il peut devenir agressif, car il évite ainsi la vulnérabilité. L'altruiste va être admiratif de ce type de profil qui s'affirme facilement et qui peut prendre le pouvoir sur lui.

L'altruiste et le planqué de l'amour

Ils ont des points en commun, comme le fait de ne pas sentir vraiment en eux et de se calquer sur les réactions des autres. Mais le point faible de cette alliance, c'est que le planqué va avoir envie de se sentir libre et ne le dira pas ouvertement à l'altruiste. Il se dégagera de son emprise affective s'il perçoit que celui-ci attend qu'il lui donne plus. Sinon, ils peuvent fonctionner ensemble. Ils ne mettront pas sur le tapis ce qui ne va pas : leur maître-mot sera d'éviter d'évoquer ce qui pourrait nuire au bon fonctionnement du binôme. Il y aura des zones de déni, qui pourront s'enkyster à terme et remonter sournoisement à la surface plusieurs années plus tard.

L'altruiste et le clivé de l'amour

Le premier donne trop, le deuxième donne un bout de lui. L'altruiste pourra s'accommoder du clivé et s'y adapter en s'imaginant que c'est lui qui a un problème. Il pourra en ressentir de la frustration, mais fera tout pour maintenir le couple, en gardant ses ressentiments pour lui ou en les exprimant sur un ton résigné. Alors, où passe la colère de l'altruiste ? Il va faire payer le clivé, en râlant, en adoptant une position de victime et en racontant aux proches, par-derrière, tout ce qui ne va pas, sans toutefois oser monter au créneau. Quand l'altruiste parvient à s'affirmer, cela ne dure pas très longtemps : il peut rapidement être influencé par le clivé qui, lui, trouve les bons arguments. Le clivé profite de la générosité de l'altruiste. Le clivé romantique reste fidèle et engagé dans le lien. Quant au clivé sexuel, il profitera des avantages de l'altruiste et se désengagera dès que l'herbe sera plus verte ailleurs.

l'alpha de l'amour

Ce qu'il dit
« Je sais qui tu es, ce qui est mieux pour toi et pour la relation… »

Sa petite voix intérieure
« Si je perds le contrôle, on va me faire du mal. »

Son formatage
Pour ne pas se sentir vulnérable, il faut être fort, se contrôler.

Sa blessure
Trahison, structure contrôlante, parano.

Son désir profond
Prouver qu'il est parfait et, si possible, le meilleur. Il attend des autres amour, reconnaissance, approbation et admiration inconditionnelle.

Son défi
Oser la vulnérabilité plutôt que vouloir correspondre à l'idéal du moi, faire confiance et apprendre à demander de l'aide.

Qui est-il ?

Pour l'alpha, deux camps s'opposent : celui des forts et celui des faibles. On vous laisse deviner de quel camp il a choisi de faire partie ! Avant tout, ce profil a besoin de dominer, de sentir que c'est lui qui a le contrôle. Il associe la vulnérabilité à de la faiblesse et lutte contre la sienne, ce qui le prive de compassion à l'égard de lui-même. Son leitmotiv ? « Je ne dois pas céder, je dois assurer comme un bon soldat, quitte à ce que mort s'ensuive. » L'alpha passe le plus clair de son temps à éviter de flirter avec ses émotions, car, pour lui, tout ce qui y ressemble s'apparente à de la fragilité. Il se fixe donc des objectifs de réussite, et cherche à contrôler les autres pour accroître son pouvoir. Mais le pouvoir sans la reconnaissance de tous n'a pas grand intérêt, il lui faut être admiré.

Éviter la faiblesse

Il apparaît souvent comme excessif, enthousiaste et énergique. Chez lui, c'est tout ou rien : même s'il a le sentiment que quelque chose est dangereux, il fonce d'abord et réfléchit ensuite, car il aime l'action par-dessus tout. Son agenda est en général *overbooké*, il dort peu et ne s'écoute pas. Il considère la vie comme un éternel combat. Son obsession est d'éviter la faiblesse, à tout prix.

JE SUIS SÛRE QUE
SOUS CETTE
ARMURE
SE CACHE UN
PETIT ÊTRE FRÊLE !

L'alpha a tendance à nier le danger : il l'affronte d'abord et réfléchit ensuite, parce que son attention porte avant tout sur sa capacité de contrôle et sur les moyens dont il dispose pour l'obtenir. Il a tendance à être impulsif, à partir dans les excès. Il est dirigé par ce qu'on appelle « le centre instinctivo-moteur » : « ça part des tripes », comme on dit dans le langage courant.

Se sentir puissant

Courageux, voire héroïque, assertif et sûr de lui, l'alpha aime protéger les plus faibles. Il est l'archétype du guerrier. On pourrait le confondre avec l'altruiste, à la différence près que, chez ce dernier, la générosité et le besoin de se faire aimer et accepter priment. Le dominant, lui, cherche à renforcer son sentiment de puissance : il peut secourir parce qu'il est fort. Côté défauts, il a du mal à accepter les points de vue différents du sien.

> COURAGEUX, VOIRE HÉROÏQUE, ASSERTIF ET SÛR DE LUI, L'ALPHA AIME PROTÉGER LES PLUS FAIBLES.

Il est perçu comme agressif, autoritaire et cassant, voire, pour les pires, comme impitoyable, tyrannique et dictateur. Il prétend savoir, est convaincu d'avoir raison et cherche à contrer ceux qui s'opposent à lui. Mais il sait se faire apprécier en période de conflit ou de crise, grâce à sa capacité à trancher dans le vif et à décider dans l'urgence.

L'alpha ne pense pas que nous sommes des êtres interdépendants et que nous avons tous besoin les uns des autres : pour lui, la dépendance est associée à une forme de vulnérabilité qui l'exposerait au risque de trahison. Chef dans l'âme, il peut être à la fois décideur, leader et possiblement manipulateur pour arriver au sommet. Au travail, il ne fait pas confiance, délègue mal et préfère agir seul plutôt que de compter sur les autres, car il pense que ce sera mieux fait ainsi. Il peut devenir « dictateur » et n'hésitera pas à écraser ses congénères.

Ce qu'il dit

« Je sais qui tu es, ce dont tu as besoin, ce qui est mieux pour toi et pour la relation. »

La peur de la trahison

Cette structure masque une grande fragilité : la crainte d'être utilisé. La peur de la trahison plane en permanence au-dessus de l'alpha. Il se méfie de tout en permanence et imagine que, s'il se laisse aller, il va se faire avoir, comme cela a été le cas dans son passé. Ce pouvoir qu'il aime tant lui permet de compenser sa faible estime de lui, sous son assurance de façade. Dans cette catégorie de personnalité, versant pathologique, on retrouve les pervers narcissiques, les narcissiques et les psychopathes. Précisons néanmoins que, même si le terme de « pervers narcissique » est très à la mode, il ne désigne que 1 à 2 % de la population.

Alpha contrôlant ou séducteur ?

L'alpha contrôlant

La plupart du temps, l'enfant alpha a subi de la maltraitance, de la négligence, des abus, ou a assisté à des scènes d'horreur. Fragilisé, il a décidé d'inverser les rôles, de ne plus jamais subir. « À partir d'aujourd'hui, je bascule dans le camp des plus forts, et plus personne ne pourra m'avoir », telle est la décision qu'il a prise pour le futur. Malheureusement, dans le pire des cas, l'alpha répète le schéma qu'il a connu, devenant celui qui abuse. Dans le meilleur des cas, il se contentera simplement de prendre le pouvoir.

Sa honte est l'impuissance, sa fierté est d'avoir le contrôle. Dès qu'il renforce sa fierté de ne pas dépendre, il augmente les chances de ne jamais sortir de son formatage. Il est important de comprendre qu'à chaque fois que l'on est fier d'une qualité, on sera susceptible, voire effondré si on se retrouve confronté à la qualité inverse. Chez l'alpha, la peur principale est de se retrouver en situation de dépendance. L'alpha sera particulièrement vexé si la vie le contraint à le devenir, sous le joug d'une maladie par exemple. On dit que son identité est construite sur la honte de l'impuissance, et que sa contre-identité est la fierté d'être indépendant, infaillible. C'est celle-ci qu'il laisse apparaître aux yeux du monde extérieur : « Je suis fier. » Mais en son for intérieur, l'identité, à savoir sa construction réelle est au contraire :

« J'ai honte, je crois que je suis impuissant et vulnérable. » Lorsqu'il est dans un groupe, il évalue celui qui détient l'autorité, la personne qui est charismatique de son point de vue, pour déterminer s'il peut s'appuyer dessus et lui faire confiance ou pas. Les rapports de pouvoir sont essentiels pour lui. Il se pose d'abord les questions suivantes : qui détient le pouvoir dans ce groupe ? Est-ce que la personne est fiable ? Si c'est le cas, il est d'accord pour s'impliquer. S'il ne respecte pas le leader en place, il ne s'implique pas.

LES RAPPORTS DE POUVOIR SONT ESSENTIELS POUR LUI.

En déroulant ce scénario, qui consiste à toujours rester en contact avec sa puissance, l'alpha contrôlant est conduit à adopter des comportements bien identifiables.

• Il décide de devenir fort physiquement, de développer ses muscles, de se créer une armure pour se défendre « au cas où » (en général, l'alpha affectionne les arts martiaux ou la boxe).

• Sur le plan professionnel, il bâtit, construit et réussit.

• Il ne suit pas les règles hiérarchiques : il s'adresse au collaborateur de la même manière qu'au dirigeant. Il aime être direct et franc, et ne s'embarrasse pas de protocole.

• Il est peu diplomate.

• Il cherche à devenir un leader, un décideur, et à contrôler en inspirant confiance.

• Il n'hésite pas à entrer dans les conflits, il n'a pas peur.

• Attiré par la compétition, il vise la promotion et la réussite.

• Il préfère faire peur plutôt que de se montrer vulnérable (il évite à tout prix de revivre sa peur d'enfant traumatisé).

L'alpha séducteur

Une autre manière de contrôler l'autre consiste à le séduire… Tout un art, dans lequel l'alpha excelle. Avec son petit côté patriarche, fiable, sûr de lui et protecteur, il sait convaincre, grâce à son vocabulaire affirmé et ses conseils avisés. Ses qualités impressionnent son entourage, qui se laisse volontiers séduire et happer par tant d'assurance.

La séduction est très importante pour l'alpha, car elle lui donne le sentiment d'être fort et de réussir quelque chose d'important. Pour lui, séduire est comme une revanche prise sur son identité de départ : « Je crois que je suis quelqu'un de faible. » Nous le verrons plus tard, l'alpha a subi des blessures de trahison dans son enfance. Or, séduire lui permet de croire qu'il a le dessus.

Il sait ce dont son partenaire a besoin. Il est persuadé d'être le seul en capacité de lui procurer du bonheur. Ce profil séducteur est rassurant pour ceux qui ne sont pas sûrs de leurs opinions (surtout si, dans le passé, un adulte se chargeait de leur dicter la conduite à tenir). Il sait attirer ceux qui ont besoin

Sa petite voix intérieure

« Si je perds le contrôle, on va me faire du mal. »

de se faire prendre en charge, de se reposer sur autrui.

Le séducteur parvient à combler les attentes de son conjoint et à lui promettre un paradis. Les alphas les plus traumatisés dans l'enfance ont mis en place des petites antennes intuitives pour s'imbiber de l'univers du parent défaillant, et imaginer quelles seraient les stratégies les plus efficaces pour capter son attention. Ils reproduisent ce schéma avec leur partenaire. Ils savent se conduire de manière très agréable, se montrer attachants, fascinants et charismatiques. Mais attention, ceci n'est qu'une facette ! Et, sous couvert de son mantra « Sois parfait », l'alpha trouve une excuse idéale pour devenir dominateur, affirmer sa prédominance et refuser les critiques. C'est toujours le conjoint qui est remis en cause, pas lui.

C'EST TOUJOURS LE CONJOINT QUI EST REMIS EN CAUSE, PAS LUI.

Les symptômes physiques

- Énergie située dans le haut du corps.
- Thorax et poitrine prédominants.
- Silhouette d'armure à glace, pour enfermer le cœur et le protéger de toute vulnérabilité.

Somatisations : il méconnaît les symptômes lorsqu'il tombe malade, car il les associe à de la faiblesse.

Il préfère raconter ses derniers exploits pour que vous soyez sous le charme.

Il soumet son corps à une charge de stimulation excessive pour maintenir un niveau d'énergie élevé. Le jour où il a une maladie plus conséquente est pour lui l'occasion d'examiner le stress minimisé et de se remettre en question.

Comment se comporte-t-il ?

L'esprit de compétition

L'identité de l'alpha est fondée sur la honte d'être petit, sans défense, trahi, manipulé, impuissant. Pour éviter de retomber dans ces sentiments d'impuissance, il fait le choix d'être fort et dans le contrôle. Il a besoin d'être reconnu, approuvé, aimé et d'exercer du pouvoir et de l'influence sur le plus de personnes possible, afin de maintenir cette reconnaissance. Compétitif, sûr de lui, l'alpha se doit de toujours veiller à livrer de lui l'image idéale de quelqu'un qui parvient à ses fins. Être gagnant est sa priorité absolue : pour cela, il va trouver toutes les stratégies adéquates.

Courageux et stoïque, il aime protéger les plus faibles, car cela lui permet de se sentir fort et puissant. Sa hantise est de ne plus être reconnu par les autres. Ce système de défense est mis en place pour assurer sa sécurité ; son orgueil et son ego surdimensionné sont au service de la peur. Il aime sentir la force et la puissance en lui, et déteste par-dessus tout être limité. Il s’est créé une image grandiose, celle d’un archétype fort et puissant : Hercule pour les hommes, Athéna pour les femmes. Le désir de se dépasser peut être sain pour un autre profil ; or, chez l’alpha, il y va de sa survie. Il faut se dépasser, se surpasser, c’est une compulsion inconsciente. Plus il en est fier, plus son ego se gonfle, et plus il veut relever de nouveaux challenges, et ne jamais craquer. Prisonnier de cette compulsion, il va très mal, en définitive.

La solitude du pouvoir

L’alpha surinvestit le monde du travail pour gagner en succès et pouvoir, avec une peur au ventre : celle de finir seul et impuissant, comme dans son enfance. Son mode de défense étant fondé sur la méfiance, voire l’incapacité à faire confiance, il finit par se sentir totalement seul. Financiers, responsables haut placés, présidents, golden boys, politiciens... ce profil est souvent à la une. Ne parle-t-on pas de la « solitude du pouvoir » ? L’inquiétude relative à son identité et à sa performance génère un état d’anxiété camouflé par de l’hyperactivité. Sa peur constante de la trahison aspire beaucoup d’énergie au système nerveux. Mais il tient le coup en puisant dans ses réserves.

L’alpha ne sait plus qui il est

Très préoccupé par son image, il se rassure à l’idée que personne ne peut deviner ce qui se passe en lui. Il joue des rôles sans en être toujours conscient :

il aime tellement son personnage de sauveur et de personne indispensable qu'il s'y est identifié. Même lorsqu'il est au plus mal, il cache son mal-être en clamant : « Moi, je gère ! » pour maintenir son image de force. Mais, sous l'image brillante, on peut déceler en faisant preuve d'un soupçon de psychologie tout le stress et la violence souterraine contenus.

Car l'obsession qu'il porte à son image est à la hauteur du complexe d'infériorité qu'il cache en lui. Il a été contraint de dealer son vrai « Moi » pour être accepté par le parent qui représentait son pilier de sécurité quand il était enfant. Nous le verrons plus tard avec les blessures de l'alpha : l'enfant a ici décidé de devenir fort et de se construire une contre-identité pour ne plus se retrouver sans défenses, donc se rapprocher de soi a été et demeure pour lui synonyme de danger. Il est ainsi devenu un expert dans l'art de présenter une fausse image.

SE RAPPROCHER DE SOI A ÉTÉ ET DEMEURE POUR LUI SYNONYME DE DANGER.

Intérieurement, il se vit comme un « vilain petit canard », mais il le cache au monde extérieur en essayant de se convaincre qu'il appartient au camp des gagnants. Comme il fait tout pour se le prouver et le prouver au monde entier, il lui est difficile d'admettre une faiblesse, à moins qu'elle lui permette de manipuler quelqu'un. Mais, derrière le discours de façade, le contrôle est aux commandes. Chez l'alpha, le manque de confiance en soi est très différent de celui des planqués (voir p. 186), chez qui le système défensif est la soumission/rébellion. S'il y a écrasement de l'identité, le planqué ne se perd pas dans l'image : il souffre, mais sait qui il est au fond de lui. L'alpha, lui, ne sait plus qui il est. Il se perd dans sa recherche de reconnaissance.

Sur le plan de la relation amoureuse

- C'est un cœur égoïste.
- Il peut faire semblant d'aimer pour que l'autre l'aime.
- Séducteur, possessif et dominateur, il recherche le pouvoir et l'influence.
- Agissant dans une dynamique dominant/dominé, il entretient la dépendance, consciemment ou non. Son partenaire ne lui donnera jamais assez d'admiration et d'amour pour qu'il soit satisfait. L'alpha le gardera s'il continue de l'aimer malgré ses incartades. Il peut aussi rester fidèle, auquel cas il exigera un amour exclusif pour se rassurer et satisfaire son besoin d'être le préféré.
- Il utilise la sexualité pour séduire et montrer sa performance.
- En amour, sa phrase fétiche est : « Je ne veux pas être dépendant, pas demander d'aide. »

Sur le plan amoureux, l'alpha a l'air de ressembler à l'altruiste. Cependant, il existe une nuance de taille entre leurs comportements. Tandis que l'altruiste ne peut pas dire : « J'ai besoin », l'alpha, lui, est dans l'impossibilité de révéler un autre secret : « J'ai besoin de ton aide, sinon je vais devenir dépendant, on va m'utiliser. »

Il sait parfaitement détecter les failles de l'autre et entrer rapidement dans un jeu de pouvoir. Mais, au plus profond de lui, c'est l'inverse : il vit un profond sentiment d'impuissance. Plus il se sent faible et

Son formatage

> Pour ne pas se sentir vulnérable, il faut être fort, se contrôler.

vulnérable, plus il utilisera les rapports de force, criera fort, manipulera et menacera. Sa peur est de ne pas être aimé, de ne pas être parfait, de perdre la face et son pouvoir d'influence, et d'être trahi.

Un narcissique qui a soif de conquête

Narcissique, il cherche à séduire : « Je suis unique, le plus beau, le plus intéressant, remarquez-moi, admirez-moi, aimez-moi pour toujours et, surtout, ne me trahissez jamais. » Jaloux et possessif, il veut être l'unique élu du cœur de son partenaire, il éprouve une peur bleue à l'idée que quelqu'un d'autre puisse le lui voler ou obtenir plus que ce qu'il reçoit, lui. Il est dans une compétition constante pour recevoir amour et approbation, obsédé par le fait de garder le monopole et sa place de préféré. Comme cet aspect est traumatique, quoi que son conjoint fasse, il aura toujours l'impression que ce n'est pas assez. Il sera toujours en manque et dans l'inquiétude constante.

Il a besoin de la reconnaissance de tous. Avant tout de celle de son partenaire, bien sûr. Et il utilise les relations sexuelles pour assouvir sa soif de conquête, sur fond de passions et de conflits. Mais cela ne lui suffit pas, il lui faut un public. L'alpha est charmeur : il réussit à plaire à son entourage, c'est un être charismatique, qui sait s'y prendre pour être apprécié.

À cause de son besoin de dominer, il est un handicapé de l'amour

En raison de ce besoin de contrôler, l'alpha est incapable de vivre une relation amoureuse de façon saine : il s'interdit toute véritable intimité. Car l'intimité nécessite de faire tomber les masques, ce qui est bien trop risqué pour lui, qui redoute de se sentir dépendant à nouveau : le danger de se retrouver contrôlé et manipulé, comme dans l'enfance, est trop menaçant pour lui. Son côté paranoïaque l'empêche d'être détendu et naturel dans la relation. Anticipant une trahison, il finit par déclencher ce qu'il redoute à force de focaliser son attention sur les détails qui tuent ! Il perçoit tout ce qui n'est pas congruent, comme le fait de ne pas tenir une promesse, de dire quelque chose et de faire le contraire, de mentir ou d'omettre. Rien ne lui échappe ! Il flaire les failles, puis devient cassant et tranchant.

> IL A BESOIN DE LA RECONNAISSANCE DE TOUS.

Dans ce que les spécialistes appellent « le contre-transfert » (les émotions qui sont captées par le partenaire et qui appartiennent à l'alpha), la peur est au rendez-vous. Le partenaire de l'alpha prend vite conscience qu'il marche sur des œufs.

La lutte des pouvoirs dans le couple

Les femmes alpha choisissent soit d’autres mâles alpha qui ont du pouvoir et un bon statut social, pour renforcer l’image de leur réussite, soit un homme fragile, pour le rendre dépendant et asseoir ainsi leur besoin de contrôler. On les surnomme « les fées clochettes », un profil particulier de femmes à la fois contrôlantes et ultra-fragiles, qui n’arrivent finalement jamais à trouver leur prince charmant et se vengent des hommes.

Les hommes alpha, eux, portent leur dévolu sur des femmes belles, des objets d’amour présentables dans l’univers social, pour renforcer leur sentiment de puissance.

Hommes ou femmes, les alphas luttent pour dominer leur partenaire. Il est difficile d’entretenir une relation aimante et authentique avec eux. L’alpha peut facilement devenir sadique, ou rompre la relation, s’il se sent désorienté et impuissant. Il choisira alors de basculer sur le mode de la toute-puissance.

Son désir profond

Prouver qu’il est parfait et, si possible, le meilleur.

Ce profil utilise un mécanisme défensif qu’on appelle « l’identification projective ». De quoi s’agit-il ? Le fait de critiquer son partenaire lui permet de se sentir mieux, si ce dernier mord à l’hameçon, bien sûr. Il ne se trouve

Il attend des autres amour, reconnaissance, approbation et admiration inconditionnelle.

pas à la hauteur ? Ce qu'il vit en lui, il va le projeter sur son conjoint, en l'assurant que c'est lui qui se trompe ou qui est stupide, dans le but de prendre le pouvoir. Comme des vases communicants, dès que son partenaire commence à s'affaiblir, son sentiment de bien-être augmente. Il se sent plus intelligent en le rendant stupide. On le concède, ce profil est particulièrement odieux lorsqu'on n'a pas conscience du profond sentiment d'insécurité qui se cache derrière...

Le déni des émotions

L'alpha est également un professionnel du déni, qui lui permet d'éviter de ressentir : il y a chez lui un déni de l'émotion, de la sensation corporelle. Il utilise la rationalisation pour faire comprendre qu'il a raison et que bien raisonner prévaut sur l'instabilité du monde émotionnel. Cela lui permet d'éviter de ressentir son anxiété ; malheureusement, sur son partenaire, cela a l'effet inverse. Il sème de la confusion. Si le conjoint s'oppose avec fermeté, il utilise la colère et l'emphase pour renverser les rôles.

IL Y A CHEZ LUI UN DÉNI DE L'ÉMOTION, DE LA SENSATION CORPORELLE.

Avec l'alpha, quoi qu'il arrive, on a toujours tort. Lorsque le déni n'est plus possible, le dominant peut être tenté de décompenser par des drogues, une addiction sexuelle, des excès de nourriture, de fêtes, d'alcool, pour apaiser ce qu'il perçoit comme des sentiments d'impuissance et de faiblesse.

Il agresse l'autre quand il constate sa vulnérabilité

Quand les autres profils ont plutôt tendance à se dévaloriser et à jouer la victime, l'alpha choisit l'attaque. Si, à un moment ou un autre, il lâche les armes et s'adoucit, on peut toujours s'attendre à une crise, parce que être confronté à ses failles représente le plus grand des dangers pour lui. Plus il se sent impuissant et plus il réagit en effrayant les autres.

Si sa vulnérabilité est trop mise à l'épreuve, il peut se déconnecter de ses sentiments et déserter la relation au profit de la vie professionnelle, pour aller là où son ego est récompensé. Doté souvent d'une grande énergie, il n'aime pas craquer ni défaillir. Il maintient le tempo, mais, quand il est usé par le stress accumulé, c'est tout l'organisme qui s'effondre d'un coup.

Quelles sont ses blessures ?

L'alpha, ou dominant, a adopté son mode adaptatif de survie entre 2 et 4 ans : il a perçu le monde comme dur et injuste, s'est senti abusé dans sa faiblesse, et a été contraint de s'adapter en ne faisant plus jamais confiance. Plus la violence a été forte, plus les troubles de ce profil seront pathologiques. Deux scénarios principaux de blessures sont possibles.

Sa blessure

Trahison, structure contrôlante, parano.

• ***Une fausse expérience de l'amour***

Il peut avoir grandi dans une famille où il a été le chouchou de l'un des parents : on lui a attribué une place spéciale afin que son orgueil puisse s'installer et s'épanouir. L'enfant a alors compris inconsciemment que ce parent (souvent de l'autre sexe) projetait sur lui des attentes qui compensaient ses déceptions. Souvent, il a été surprotégé, gâté par ce parent qui lui donnait tout, quitte à se sacrifier. L'enfant a ainsi fait une fausse expérience de l'amour, qui aura pour conséquence l'une des caractéristiques de ce profil : le dominant récupère amour et reconnaissance à des fins personnelles et égoïstes. Il cherche à conserver cette place particulière face à ce parent, là où il s'est senti aimé. Généralement, à l'adolescence, l'enfant est devenu plus autonome et le parent, qui a senti que son petit chéri n'était plus le même, a commencé à s'en désintéresser. Le jeune n'a donc pas hésité à séduire et à manipuler, ou en tout cas à utiliser les stratégies les plus adéquates répondant aux attentes du parent, afin de garder sa place de favori lui permettant de ressentir du pouvoir.

• ***Satisfaire les attentes d'un parent narcissique***
L'alpha a également pu grandir dans une famille où il était récompensé quand il poursuivait les attentes du parent, et puni s'il ne le faisait pas. Il a probablement été l'enfant prodige tant attendu qui allait enfin réaliser les idéaux inassouvis du parent, comme les enfants devenus trop tôt stars, ou, à l'âge adulte, un chirurgien ou un avocat qui ont réussi là où leurs parents n'avaient pas pu y arriver. Le parent narcissique fait comprendre à l'enfant que la gloire donne l'amour, et il s'en sert pour pallier ses propres fragilités. L'alpha a donc appris à performer, à devenir un champion dans l'art de séduire et de donner une autre image de lui-même pour obtenir amour et approbation. Il l'a fait sous pression, avec la crainte de décevoir, convaincu que, s'il laissait tomber ce faux masque, il se mettrait en danger, serait perçu comme imparfait et ne recevrait plus d'amour. Rester le favori, être sur le podium toute sa vie est un but qui nécessite beaucoup d'énergie et qui se révèle très coûteux pour l'organisme. Une fois adulte, s'il ne court plus après la performance, l'alpha risque de ne plus vraiment savoir qui il est au fond, et de perdre contact avec lui. Prendre sa retraite est souvent synonyme de dépression chez lui.

Mais il existe également toutes les blessures suivantes.

• *Il a perdu son statut de privilégié*
Si un nouvel enfant apparaît dans la famille, l'alpha a pu perdre son statut de privilégié. De même, lors

d'un divorce, si le parent s'intéresse davantage à son nouveau compagnon qu'à cet enfant « spécial », l'enfant, désorienté, va tenter de compenser en attirant l'attention par tous les moyens.

• *Un parent est mort ou l'a abandonné*
Si un de ses parents a disparu, l'enfant a été confronté à un sentiment de trahison, renforçant toute tendance à la méfiance.

• *Il a été manipulé par les adultes*
L'alpha a aussi pu être un enfant dépendant, qui avait besoin de s'attacher, mais qui a été attaqué, utilisé ou manipulé, par exemple, dans une famille qui encourageait l'esprit de compétition et pointait les failles d'un enfant par rapport aux autres membres de la fratrie.

S'IL NE COURT PLUS APRÈS LA PERFORMANCE, L'ALPHA RISQUE DE NE PLUS VRAIMENT SAVOIR QUI IL EST.

• *On l'a forcé à grandir avant l'âge*
Il était récompensé quand il prenait des responsabilités : le parent l'a forcé à grandir avant l'âge, et son insouciance d'enfant a été volée.

• *Il a été pris en otage dans des conflits conjugaux*
L'alpha a pu grandir dans une famille où il était pris en otage dans des conflits conjugaux, utilisé comme un pion, et obligé de prendre parti pour l'un des deux parents. Une situation insoutenable pour un enfant, d'autant plus que le parent protégé est généralement

instable, susceptible de le trahir et de le manipuler après coup.

• *Il a dû jouer le rôle de parent du parent ou de confident*
Il était un adulte dans une peau d'enfant. L'enfant a alors compris qu'il n'était pas aimé pour lui, mais pour son rôle. Le parent avait l'apparence d'un parent préoccupé et soutenant, alors qu'il s'est servi de l'enfant à des fins personnelles. Il était exigeant, le poussait « pour son bien », mais le message caché était inversé : « Réussis pour moi. » Et c'est cet abus, cette manipulation que l'enfant a senti profondément. Il s'est soumis au scénario familial, s'est aliéné, a perdu son vrai moi, car il n'avait pas le choix. La conséquence sur l'adulte est qu'il va sans cesse épier le danger d'être trahi ou contrôlé.

• Il a grandi dans un climat d'abus ou de violence
Autre scénario, pire encore : l'enfant a grandi dans un climat d'abus, de violence à son encontre, entre les parents ou au sein d'une communauté. Il s'est senti terriblement impuissant, et va chercher le pouvoir en réaction, là où il a été submergé enfant.

Quel que soit le scénario, l'enfant alpha a commencé très tôt à percevoir les autres comme des menaces. Face à cela, il a développé une attitude d'affrontement et a su devenir indépendant très rapidement.

Vous êtes un dominant… Que faire ?

Apprenez à demander de l'aide au lieu d'en donner

Pour faire confiance (votre ressource manquante), il faudrait que vous osiez dire : « J'ai besoin de votre aide. » Il vous faut comprendre quelque chose d'essentiel : la partie de vous qui ne lâche pas la vigilance a été créée durant votre enfance pour survivre et vous débrouiller dans ce qui était votre réalité familiale et environnementale. Un réflexe de défense a été mis en place à l'époque pour vous protéger, comme une sorte d'ange gardien, qui continue de veiller sur votre intégrité en se manifestant de façon omnipotente. À l'âge adulte, ce réflexe vous conduit à adopter cette facette contrôlante, méfiante et un besoin d'être fort et de ne pas faillir.

IL FAUDRAIT QUE VOUS OSIEZ DIRE : « J'AI BESOIN DE VOTRE AIDE. »

Sauf que cette réaction, qui était très utile et efficace dans votre enfance, vous empoisonne plus la vie qu'autre chose à ce jour. Elle crée un prisme déformant paranoïaque, bâillonne votre spontanéité, vous amène à être tendu, sur vos gardes, et vous empêche d'exprimer votre sensibilité. Vous vous empêtrez dans des relations où vous jouez au sauveur, parce que vous manquez de douceur pour vous-même, et parce que, ainsi, vous restaurez une image positive de vous-même : vous êtes fort, les autres sont faibles.

Tentez de lâcher progressivement le sauveur qui est en vous pour jouer le rôle de celui qui exprime ses émotions, qui est enclin à se faire prendre en charge, à se faire aider et soutenir. Vous avez beaucoup à y gagner, c'est peut-être même le chemin de votre vie. Évidemment, vous détestez cette idée ! Et c'est normal, car c'est exactement le lieu de vos souffrances passées. Mais jouer la carte de la dépendance à autrui vous permettrait de sortir de l'image du pilier de sécurité. Votre compagnon vous perçoit comme un chêne solide et profondément enraciné. Or, c'est une image un peu excessive, car, comme tout le monde, vous avez des limites, que cela vous plaise ou non. D'ailleurs, au fond de vous, vous le savez très bien.

La démarche idéale consisterait à agrandir le spectre de vos facettes et à osciller entre le chêne en apparence indéracinable et le bambou qui ploie mais survit à la tempête.

Arrêtez d'attaquer et laissez tomber votre armure

Quand vous vous sentez faible, vous attaquez. Or, c'est exactement ce qu'il ne faut pas faire. Le vrai remède consisterait à être capable, un jour, de laisser tomber votre armure. Il vous faut explorer votre sensibilité et votre fragilité (notez que l'on n'a pas parlé de « faiblesse » !).

Lâchez prise sur l'importance apportée à votre personne, développez l'humilité (ne prétendre à rien, vouloir n'être rien de spécial). Vous ne vous rendez pas compte que vous courez après une image héroïque, et surtout qu'il n'y a rien à tenir (au fond, qui tient quoi ?) ? Contrôler est la trace principale de nos traumatismes, sauf que l'évaluation du danger déclenche une alarme dans notre cerveau reptilien, qui finit par nous épuiser, en particulier quand l'alarme sonne tout le temps, alors qu'il n'y a pas le feu. Cette activation trop systématique du système nerveux nous empêche d'être simplement nous-mêmes, détendus. Dans le quotidien, efforcez-vous de cultiver la simplicité. Apprenez à être rigoureusement authentique avec vous et avec les autres.

APPRENEZ À PRENDRE SIMPLEMENT DU PLAISIR, SANS RECHERCHER SYSTÉMATIQUEMENT LA PERFORMANCE.

Vous surinvestissez la sphère professionnelle et les charges familiales au détriment du reste, vous manquez de temps pour vous, vous amuser, être créatif, explorer. Ou, si vous le faites, c'est pour atteindre des objectifs. Autorisez-vous à vous amuser davantage, y compris quand vous assurez vos tâches familiales. Jouez vraiment avec vos enfants, comme si vous en étiez un vous-même. Si vous faites du sport, apprenez à prendre simplement du plaisir, sans rechercher systématiquement la performance.

Dans la sphère sentimentale, vous savez vous entourer, mais finalement, à bien y regarder, vous n'êtes jamais très proche de votre conjoint : vous ne livrez pas le plus intime, et gardez une protection, au cas où on pourrait vous prendre en défaut. Pourtant, votre rêve le plus profond est d'être aimé, sans devoir jouer un rôle. Essayez de vous laisser aller, ne serait-ce qu'une fois, par jeu, à prendre le rôle du fragile, et apprenez à observer ce que change cette mobilité des rôles avec votre partenaire.

Renouez avec la tristesse qui se cache derrière votre colère

Apprenez que l'émotion qui vous est familière est celle de la colère, mais que, en réalité, elle s'est substituée à votre tristesse. Si vous vous connectez à votre véritable émotion, vous augmenterez votre potentiel d'authenticité. Vous avez l'impression d'être fort quand vous êtes en colère, mais ce n'est pas le cas.

Détournez-vous de la sentinelle qui est en vous, qui veille et contrôle, et préférez-lui votre moi adulte. Aujourd'hui, il n'y a plus de danger. Sachez que l'énergie vitale est dans l'enfant libre qui est en vous, cette part de nous qui ne rêve que d'authenticité et d'être aimé pour ce que nous sommes. La partie de vous qui doit contrôler relève de la survie, non pas de la vie. Alors, comment faire ?

Un profil qui rechigne à la thérapie

Il est très rare de voir des alphas arriver en consultation. Pour ceux qui viennent tout de même, souvent influencés par leur conjoint, le thérapeute a

tout intérêt à faire une alliance très particulière avec eux, en étant direct et droit. Si le thérapeute se sent désarmé face à leur côté affirmé, parfois provocateur, son fléchissement sera vécu comme un signe de faiblesse. L'alpha prendra vite le dessus et reviendra vers son conjoint en lui affirmant que c'était une démarche inutile : le thérapeute n'est pas à la hauteur, les thérapies ne servent à rien...

Pourtant, un travail d'introspection peut être très utile : en étant empathique avec la souffrance du dominant et en donnant du soutien à sa vulnérabilité cachée, on peut lui faire prendre confiance en lui. Car, même s'il paraît fort, il n'est pas enraciné et possède au contraire une structure très désorganisée.

Pour aller plus loin… Quelles thérapies ?

Demander de l'aide et suivre une démarche de psychothérapie n'est pas votre fort ! Cela reviendrait à admettre vos faiblesses. Essayez de percevoir tous les inconvénients de l'armure verrouillée qui vous sert de cœur : elle est lourde, elle vous empêche de sentir la douceur d'une relation réellement intime et, surtout, elle entrave vos mouvements et vous emprisonne. Le jour où vous en prendrez réellement conscience, ce sera le premier pas vers le changement.

La psychothérapie permettrait de vous libérer de votre anxiété face à la trahison et la manipulation, et d'arrêter de jouer des rôles pour performer, séduire ou paraître. Les thérapies comportementales et cognitives (TCC) sont adaptées à votre profil, car elles proposent de l'action et du changement rapide, comme beaucoup d'autres thérapies brèves.

VOUS ÊTES ÉPUISÉ DE JOUER AU PLUS FORT TOUT LE TEMPS.

Une démarche de psychothérapie vous aiderait à ne plus avoir peur du jugement des autres et vous permettrait de vous détendre et d'oser être vous, car vous êtes épuisé de jouer au plus fort tout le temps. Et, à force, avouez-le, vous ne savez plus vraiment qui vous êtes.

Si vous êtes psychophobe…

Si l'idée de mettre un pied chez le psy vous est tout bonnement insupportable, vous pouvez choisir d'autres ateliers de développement personnel. Et pourquoi pas des groupes de parole ? Cet espace offre la possibilité de poser des mots sur l'intime. Fondés sur la confiance, le respect et la bienveillance, ils vous permettront de vous sentir accueilli pour qui vous êtes, et non pour ce que vous montrez. Les massages aussi vous feraient le plus grand bien : ils assoupliraient votre cuirasse et laisseraient les émotions de vulnérabilité refaire surface en douceur, sans vous sentir mis en danger par le regard des autres.

Vous êtes en couple avec un dominant

Il est curieux de constater que le profil de dominant, qui rend souvent les gens arrogants, orgueilleux et imbus d'eux-mêmes, repose en fait sur un manque de confiance en soi, sur une incertitude face à son pouvoir.

Il faut comprendre que l'alpha n'a pas eu le choix : il s'est mis dans la peau du prédateur et non de la proie, car il a perçu que sa survie en dépendait. Aussi difficile que cela puisse paraître, le plus important pour vous, son partenaire, sera de lui apporter votre empathie, une empathie réelle et profonde.

C'est possible si vous parvenez à percevoir, derrière sa force et son courage de façade, l'immense fragilité de cette structure. N'oubliez pas que l'être a été nié et que la blessure est profonde.

Apprenez-lui à vous demander de l'aide

Si vous êtes en couple avec un alpha et qu'il vient vous demander de l'aide, c'est qu'il va mieux. N'oubliez pas que, pour lui, demander de l'aide est associé au fait d'être manipulé, trahi, utilisé, ce qui génère une angoisse. Il peut vite faire un pas en arrière et revenir au système défensif initial : pas la peine de demander, mieux vaut se débrouiller tout seul, on ne peut compter que sur soi. Donc montrez-lui que demander de l'aide n'est pas une question de faiblesse, on a tous besoin de s'entraider. L'autonomie réelle consiste à accepter l'interdépendance.

MONTREZ-LUI QUE DEMANDER DE L'AIDE N'EST PAS UNE QUESTION DE FAIBLESSE.

Il existe quatre étapes[1] pour que l'enfant devienne un adulte autonome.

• 1re étape : la dépendance, indissociable de la prise de conscience que, parfois, on confie trop son bonheur à un autre.

1. *« Les 4 niveaux de l'autonomie »*, travaux de Katherine Symor sur le cycle de la dépendance et l'accès à l'autonomie (Nola Katherine Symor, *Le Cycle de la dépendance*, C.A.T., 3, (pp. 241-246).

• 2e étape : la contre-dépendance. Quand je lutte contre la dépendance, je passe en contre-dépendant, du soumis au rebelle, je me mets à être agressif dans le contre, je m'oppose à l'autre, je revendique.

• 3e étape : l'indépendance. « Puisque c'est comme ça, plus jamais je ne dépendrai de quiconque, je préfère être seul plutôt que dépendant ! »

• 4e étape : l'acceptation de l'interdépendance, qui est le point d'équilibre, le juste milieu. Parfois je dépends, parfois je suis indépendant, je sais prendre en charge mes besoins, mais rien ne m'empêche de savoir demander de l'aide selon le contexte.

Dès qu'il se sent menacé, l'alpha va essayer de rétablir une position dominante, ou de mettre un terme de façon cassante à la relation pour retrouver son imparable sentiment de puissance. Sa manière de se défendre est de montrer qu'il est supérieur et qu'il n'a pas besoin de vous. Là est le piège pour vous. Car, en réalité, plus il agit ainsi, plus il se sent en insécurité. C'est tout l'inverse dont il a besoin, sachez-le.

Si c'est flou, c'est qu'il y a un loup… Donc soyez franc !

Ce profil aime les personnes franches, directes, un peu comme lui. Ce qu'il n'aime pas, c'est le flou, quand vous n'arrivez pas à prendre position, que vous n'êtes pas « cash ». Si vous perdez du temps à jouer au diplomate avec lui, il commencera à se méfier et cherchera à vous tester pour savoir ce que vous avez dans le ventre. Il n'a pas peur d'aller au conflit. Avec lui, mieux vaut apprendre à être sûr de soi, plutôt que de rester terrorisé par sa voix forte, sa puissance, ou l'idée que vous vous faites des conséquences fâcheuses d'un conflit. Et puis, sachez-le, il est peu rancunier.

Ne vous laissez pas manipuler

Le dominant est tenté de manipuler ceux qui ne sont pas aussi affirmés que lui. Si vous savez poser des limites, vous ne vous ferez pas piéger par lui. Mais si ce n'est pas le cas, il risque de vous dominer. Si vous êtes un « oiseau fragile », vous allez être attiré par ce genre de profil, que vous soyez un homme ou une femme, parce qu'il est un Robin des Bois qui aime voler au secours des plus faibles. Son clignotant s'allume dès qu'il repère une personne fragile. Mais avez-vous vraiment besoin de vous placer sous une aile protectrice ? N'est-ce pas une option régressive – même si, par moments, il est fort agréable de se mettre dans les mains d'un plus fort que soi... Peut-être est-il tout aussi important de trouver des stratégies d'adulte pour accroître votre autonomie ?

Choisissez vos batailles

L'alpha aime contrôler, et éprouve le plus grand mal à se remettre en question. Un bon conseil : lâchez les rôles ou les tâches qui ne vous coûtent pas et qu'il souhaiterait gérer pour se rassurer. Gardez précieusement ce qui vous tient à cœur pour ne pas perdre votre autonomie, comme le budget, par exemple, au risque de vous retrouver au sein d'un couple d'une autre époque, où le mari tenait les cordons de la bourse, tandis que sa femme n'y comprenait rien et avait abandonné l'idée de maîtriser le sujet.

Aidez-le à dépasser le regard des autres

Permettez-lui de prendre du recul par rapport à son image et de moins dépendre du regard des autres. Montrez-lui qu'il s'agit d'une chimère et qu'en réalité, chacun s'intéresse avant tout à sa propre vie. Sinon, il passera son temps à gagner de l'argent pour asseoir son image, montrer des signes extérieurs de richesse et de statut social. La renommée, même si elle ne passe pas uniquement par des biens matériels, est une des quêtes de l'alpha. Montrez-lui une autre voie, où on n'a pas besoin de masque pour être accepté.

MONTREZ-LUI UNE AUTRE VOIE, OÙ ON N'A PAS BESOIN DE MASQUE POUR ÊTRE ACCEPTÉ.

Vous détenez peut-être les qualités qui lui manquent, car souvent on s'associe à des personnalités complémentaires. Votre partenaire doit cheminer vers plus d'humilité, de simplicité. Montrez-lui comment faire et n'oubliez pas qu'à terme, on se modélise les uns sur les autres. C'est l'un des avantages de vivre en couple, on finit par déteindre l'un sur l'autre !

L’aider à se remettre en question ? Mission impossible

Son moi, à la base des plus fragiles, s’est transformé en moi fort et rigide pour compenser – d’ailleurs, la plupart des dictateurs que le peuple élit sont des alphas.

La remise en question n’est pas son fort, vous êtes prévenu ; si vous cherchez à argumenter avec lui, il sera comme dans un ring de boxe, présent et impulsif. Parfois provocateur, il manquera de diplomatie. On aime ou on n’aime pas, mais l’avantage, c’est que c’est souvent cash.

Même enlisés dans des conflits persistants, vous aurez du mal à le persuader de suivre une thérapie. Ce sera plutôt à vous de changer, pas à lui. Se faire aider n’est pas du tout dans l’habitude du dominant. Plus le curseur pathologique du profil est élevé, moins il se présente en thérapie. Dans les rares cas où il franchit la porte du cabinet d’un thérapeute, c’est soit parce qu’un juge le lui a ordonné, soit parce que vous l’y avez traîné, menace de divorce à la clé. En général, son discours est le suivant : « Je ne veux pas réellement être là, je ne crois pas en ces conneries psychologiques ! » Ou encore : « Je n’accepte pas le contrat. »

Quand la crise survient

Voici l’exemple d’un couple en crise, dans lequel un homme souffre de vivre en couple avec une alpha, tout en la confondant avec une altruiste.

Son défi

Oser la vulnérabilité plutôt que vouloir correspondre à l'idéal du moi, faire confiance et apprendre à demander de l'aide.

« Je vis avec une femme qui se dit généreuse, qui le montre à tous ses proches, à ses amis, à ses collègues de travail, mais personnellement, je la trouve assez orgueilleuse. J'ai le sentiment qu'il y a surtout beaucoup d'amour-propre chez elle.

Elle a l'air vertueuse dans sa grande bonté, mais moi, son mari, je me sens comme un laissé-pour-compte.

Elle est très souvent absente, peu disponible pour moi, sous prétexte qu'elle doit assurer avec tous – elle s'occupe beaucoup de sa mère malade. Je me sens de plus en plus frustré. Aux yeux de tous, elle paraît admirable, courageuse, forte. Comment puis-je me sentir si jaloux, comme si je ne comptais pas pour elle – en tous les cas, beaucoup moins que tous ceux qu'elle porte dans son cœur, et à qui elle donne son temps.

Je me suis peu à peu résigné : à quoi bon faire des efforts pour lui plaire, puisqu'elle regarde ailleurs ? Une colère plus ou moins vive se mêle à tous ces sentiments ; la rupture n'est pas loin. D'ailleurs comment cette femme qui aime tant tout le monde pourrait-elle imaginer que, quelque part, elle n'aime pas assez ? Elle donne, elle donne, elle donne, comment aurait-elle du temps pour être à mon écoute, moi qui suis pourtant le plus proche d'elle ?

Je viens de relire une phrase de Pascal, qui explique bien comment le divertissement, cette forme d'agitation perpétuelle, permet de ne pas nous regarder en face et d'échapper à l'ennui que nous donnerait notre propre personne.

Pour le laissé-pour-compte que je suis, une seule alternative : fuir ou se résigner. Que puis-je faire ? La questionner ? L'analyser ? L'aider à mettre à jour sa blessure ? La harceler pour la faire accoucher ? Ou devrais-je lui faire part de mon admiration ? Mais est-elle assez forte pour compenser le dépit ? »

La réponse du thérapeute

Plutôt que de faire peser les torts sur elle, essayez de vous concentrer sur votre manière d'interagir avec elle, en examinant votre part de responsabilité. Vous avez fait le choix de confier tout le pouvoir à quelqu'un à qui vous n'arrivez pas à poser vos limites. Certes, elle a du charme et se montre convaincante, mais n'oubliez jamais qu'elle ne peut rien faire sans votre consentement tacite. Parce que vous avez goûté le meilleur à un moment donné, vous vous accrochez à ce souvenir ? Sans considérer que, concrètement, elle ne répond plus à vos besoins affectifs, ou pas suffisamment. Vous râlez, car cela vous paraît plus simple que de changer le système de votre couple. La première chose à faire est de tenter de ne pas la voir comme un personnage détestable, car cela ne vous permettra pas de sortir de votre rôle de victime. Concentrez-vous sur les moyens qui sont à votre disposition pour transformer votre manière d'interagir dans une relation dominant/dominé.

Cette réponse semble peut-être un peu sévère, mais elle correspond à ce que ce profil envoie comme énergie : ici, tout passe en force. Mais souvenez-vous que l'hypersensibilité peut être camouflée sous le masque du sourire. La personne cherche à faire *bella figura,* comme on dit. Ne perdez pas de vue que sous la supériorité affichée se cache un complexe de dévalorisation. Si vous êtes perspicace et gagnez en lucidité en regardant au-delà des apparences, vous n'en serez plus la victime.

SOUS LA SUPÉRIORITÉ AFFICHÉE SE CACHE UN COMPLEXE DE DÉVALORISATION.

Selon l'étendue de son besoin de s'imposer, l'alpha ne pourra malgré tout pas lâcher du jour au lendemain son image de personne forte et assurée. Plus vous serez proche de sa zone de vulnérabilité, plus elle va se défendre, se montrer forte et indépendante coûte que coûte. Ce qui n'est pas chose facile en période de conflits, quand on a besoin de poser les armes et de se rapprocher de l'autre, dans une vraie connexion de cœur à cœur.

En conclusion, pour l'alpha, faire confiance aux autres, c'est en être dépendant et risquer de finir trahi, manipulé ou utilisé. Voilà les inscriptions qui resteront en trace chez l'adulte. Selon le degré d'abus et de failles narcissiques du parent, l'adulte développera ce profil. Certains avec des traits très légers, comme le fait de se conformer aux désirs des autres pour être aimé, comme nous l'avons vu dans ce cas pratique. D'autres avec des traits excessifs : ils passent en force, et ne savent plus faire autrement, jusqu'à ce qu'on appelle la personnalité antisociale, anciennement appelée « psychopathe ».

Avec quels profils est-il compatible ?

L'alpha et le frileux

Tous deux aiment contrôler, mais pas de la même manière. Pour l'alpha, la honte est l'impuissance, et la fierté est d'être puissant et de posséder le contrôle. Pour le frileux, la honte est de ne pas être capable de ressentir des émotions, et la fierté est d'imaginer que les autres sont faibles et agités alors qu'ils ont une vision objective du monde et donc sous contrôle.

En général, ces deux profils ne s'attirent pas. Pourquoi ? Parce que le frileux n'aime pas non plus être contrôlé, il apprécie trop sa solitude et son indépendance, il ne souhaite pas d'ingérence dans son espace. Il ne peut pas tolérer beaucoup de stimulations, et jugera que l'alpha est agité, à courir après une réputation, ou des objectifs de compétition sociale. Il ne sera pas dupe de son masque de séducteur et ne se laissera pas manipuler. La stratégie du frileux, qui fait preuve de discernement, n'est pas en lien avec la prise de pouvoir sur d'autres individus, mais avec le fait d'acquérir des connaissances pour maîtriser son environnement.

A contrario, l'alpha peut facilement être séduit par le frileux, en particulier par la puissance de son intellect et par sa fragilité, qui lui donne envie de le protéger. L'alpha est un patriarche, comme un lion ou une lionne qui défend son clan, c'est pourquoi il peut être amené à s'intéresser à des partenaires qui lui paraissent « faibles », pour affirmer sa puissance de protection. On peut trouver un arrangement entre eux, un peu comme une colocation.

L'alpha et l'altruiste

Là, nous avons deux profils véritablement complémentaires. Ils sont souvent en couple, avec une possible dépendance affective du côté de l'altruiste. Il est attiré par l'alpha, qui semble si sûr de lui et qui possède ce qui lui manque. De son côté, l'alpha se sent admiré, donc en terrain conquis et confortable : il peut exercer son aura et assurer sa protection.

Ici, le coup de foudre est même souvent au rendez-vous : le côté chaleureux, sociable et avenant de l'altruiste plaît beaucoup à l'alpha. Il va lui faire miroiter un futur prometteur, car il aime construire et bâtir des empires. Soit très exactement ce dont rêve l’altruiste, qui veut aussi quelqu’un qui le répare affectivement, qui s’engage avec fermeté et qui lui présente ce à quoi il aspire depuis toujours : le rêve du prince charmant ou de la femme idéale.

Les débuts de relation sont généralement brillants : grand séducteur, l’alpha préserve sa part de mystère et fascine l’altruiste. Il s’exprime avec brio, il veut construire et il assure. Tous les ingrédients sont là pour rassurer l’altruiste, qui manque de sécurité. Mais la suite prend un virage plus ou moins sombre. L’alpha va commencer à vouloir imposer son monde (contrôler est son leitmotiv). Soit l’altruiste se range à ses directives, s’efface, se laisse dominer, et éteint ses besoins (c’est ce qu’il sait faire de mieux), soit il passe par des stratégies de victime. Et là, c’est à double tranchant, car cela réveille le rôle de sauveur aussi bien que celui de persécuteur chez l’alpha. Deux cas de figure principaux : l’alpha peut se lasser et rompre le premier, ou bien il peut apprécier le côté « au service » de l’altruiste, qui anticipe ses attentes, essaie de faire de son mieux pour être à la hauteur, et reste des années durant dans cette relation symbiotique où l’un est le parent symbolique de l’autre.

L’alpha et l’alpha

Sont-ils compatibles ? On imagine deux lions ou deux loups ensemble, et toutes les luttes de pouvoir que cela peut impliquer… Lorsque l’on réunit deux profils à caractère fort, l’avantage, c’est que chacun

IL Y A UN ALPHA
DE TROP DANS
CETTE PIECE !

sait à quoi s'en tenir et respecte l'autre, puisque les limites sont claires. Mais, en même temps, si un couple d'alphas reçoit des amis, qui occupe le terrain ? Tant que les rôles sont bien délimités, tout va bien. Mais si ce n'est pas le cas, ils risquent de se mettre à batailler pour être le lion de la soirée.

Comme tous les profils similaires, ils se comprennent à demi-mot, vont apprécier leur côté direct, où tout est mis cartes sur table. En revanche, ils n'ont plus personne à protéger et iront chercher dans leur travail, ou ailleurs, des victimes à défendre, ou encore militeront pour des causes.

L'alpha et le planqué

Pourquoi pas ? Ce ne sera pas aussi tragique que l'alpha et l'altruiste, parce que le planqué (soumis/rebelle) ne se laisse pas faire à moyen et long terme. Avec sa peur d'être contrôlé, il a tendance à se méfier de celui qui veut lui imposer quoi que ce soit. Si son côté soumis peut le faire passer pour une personne malléable, il aura tôt fait de s'autoriser par-derrière ce dont il a envie, sans affronter l'alpha.

> AVEC SA PEUR D'ÊTRE CONTRÔLÉ, IL A TENDANCE À SE MÉFIER DE CELUI QUI VEUT LUI IMPOSER QUOI QUE CE SOIT.

Or l'alpha n'aime pas ceux qui louvoient, mentent et ne se confrontent pas à lui. Un sentiment de trahison peut émerger un jour ou l'autre chez l'alpha, et là, patatras... Si le pot aux roses est découvert, l'alpha aura du mal à pardonner. Ce que ne comprend pas du tout le planqué, qui est beaucoup plus souple avec les règles et les contrats.

L'émotion familière de l'alpha est la colère, et son émotion cachée est la tristesse. Chez le planqué, l'émotion familière est la tristesse, tandis que l'émotion cachée est la colère. Ils sont inversés et auraient intérêt à déteindre l'un sur l'autre, car l'alpha a beaucoup à apprendre du planqué, et devrait l'imiter pour se réapproprier sa vulnérabilité. Inversement, le planqué devrait apprendre à devenir plus sanguin, à sortir de sa cachette et à replacer la colère dans sa palette émotionnelle.

L'alpha et le clivé

L'alpha et le clivé sexuel se ressemblent : ils sont séducteurs, charmeurs. Mais l'alpha n'est pas clivé sexe/cœur, il est entier, et même très doué pour allier le sexe et l'ouverture du cœur, tandis que le clivé scinde les deux, car il a le symptôme du cœur brisé.

Tous deux n'ont pas de problèmes à aller vers les autres, ils aiment conquérir. Ils peuvent donc être amenés à se rencontrer. Mais ils sont épris de pouvoir sur l'autre, et risquent de ne pas y trouver leur compte très longtemps.

S'ils sont ensemble, ils chercheront à délimiter leur territoire, en séparant ce qu'ils peuvent partager et mettre en commun de ce qui leur est propre, avec des frontières claires. Ce sont des profils qui n'empiètent pas sur la vie de l'autre, surtout lorsqu'ils en parlent et posent leurs besoins de façon claire et officielle.

Mais le binôme qui fonctionne le mieux serait plutôt l'alpha et le clivé romantique, car ce dernier peut trouver la sécurité qu'il affectionne, grâce à un alpha qui prend les choses en main et lui assure un cadre.

***

le planqué de l'amour

Ce qu'il dit
« Oui, oui, tu as raison ! »

Sa petite voix intérieure
« Je suis d'accord avec toi mais, en fait, je te tiens tête. »

Son formatage
Ne pas dire, mentir, se cacher, se soumettre puis faire payer.

Sa blessure
Humiliation, structure masochiste, frustration.

Son désir profond
Prouver que la vie est cruelle et les gens mauvais. Il attend des autres qu'ils le plaignent et le sauvent (à moins qu'il ne joue lui-même au sauveur).

Son défi
Être authentique et autonome.

Qui est-il ?

Le planqué de l'amour est hypervigilant aux attentes de l'autre. Il essaye sans arrêt d'adopter le comportement qui lui permettra d'être accepté, ce qui lui demande beaucoup d'énergie. Cette tension permanente pour appréhender au mieux les attentes des autres l'empêche de se connecter à lui, à ses désirs profonds. Comme l'altruiste, il se perd dans l'autre ; à sa différence, il ne s'agit pas pour lui d'aider, mais de plaire. L'altruiste se met au service de l'autre pour le sauver ; le planqué de l'amour, lui, doit s'adapter et se soumettre pour être aimé.

Un profil de soumis/rebelle

Il a l'air de vous laisser décider, mais en son for intérieur se joue sans cesse ce conflit : « Je fais ce que tu veux et tu ne m'auras pas, c'est moi qui décide ici. » Il imagine que l'autre attend quelque chose de lui, qu'il veut le forcer à l'emmener quelque part, même quand ce n'est pas le cas. S'il sait dire « non » dans la plupart des domaines de sa vie, dès qu'il y a des enjeux affectifs, l'injonction de s'adapter revient au galop. Il revêt le masque de la douceur et de la conciliation, et semble aller dans votre sens. Mais, en réalité, il s'arrange pour prendre les rênes de la relation et aller dans la direction inverse, pour freiner, ou saboter.

La résistance est son mode adaptatif de survie : c'est parce qu'il a réussi à s'opposer en disant « oui » par-devant et « non » par-derrière qu'il a pu s'en sortir durant son enfance, au cours de certaines situations où il a cru être absorbé par un adulte qui le dominait. Son niveau d'adaptabilité est à la hauteur de sa capacité de rébellion. Le planqué ne se rend pas compte qu'il se soumet : sur le moment, il a le sentiment d'être vraiment en accord avec vous. Tout ceci le rend ambigu vu de l'extérieur. En effet, il vit la présence de l'autre comme une obligation de générer quelque chose. Il ne sait pas vraiment quoi, mais se met beaucoup de pression. Il cache sa vraie personnalité sous un sourire, se donne un rôle, comme s'il fallait trafiquer la vérité, se cacher ou jouer au caméléon pour être acceptable.

Un puissant sentiment de culpabilité

Nous connaissons tous l'importance de nous conformer à certaines règles de savoir-vivre en société, et nous ne voulons pas que les gens nous en veuillent si nous ne les suivons pas. Nous commençons à nous sentir très coupables alors, et à un niveau très profond, nous allons avoir peur de ne plus être aimés. Imaginez que, chez le planqué, tout cela est multiplié par 100. Il est orienté « devoir ». Donc, quand il estime devoir agir pour l'autre mais qu'il décide de ne pas aller dans son sens, il se culpabilise de ne pas avoir été à la hauteur. Il éprouve un puissant sentiment de culpabilité et se met beaucoup de pression, en permanence.

IL CACHE SA VRAIE PERSONNALITÉ SOUS UN SOURIRE.

Il se trouve coincé tout seul dans une impasse, animé par cette formule *double mind* : « Si je m'adapte, je ne suis pas moi », et : « Si je ne m'adapte pas, ça risque de mal se finir pour moi. » Il n'a pas conscience d'être dans ce faux self. Entièrement dédié à l'autre, il observe, scrute attentivement ses mimiques et son vocabulaire dans le but de décrypter ses attentes, mais ne prend pas le temps de

Ce qu'il dit

« Oui, oui, tu as raison ! »

réfléchir pour anticiper réellement ce qui peut plaire ou déplaire. Il croit savoir détecter la moindre vibration de mécontentement et s'arrange pour l'éviter : il calibre, comme on dit en programmation neurolinguistique. Il réagit par devoir, obligation, et non plus par envie. Même si son discours dit : « J'ai envie », il se ment à lui-même ; il confond « concéder », « s'adapter » et « avoir envie ».

Il confond ses désirs avec ceux de l'autre

Il y a, chez lui, une forme de confusion inconsciente. Son vrai désir est méconnu, ou plutôt retenu, interdit. Sa croyance est : « Si je suis mon désir, je vais être abandonné, rejeté ou attaqué. » Il croit que se ranger aux attentes d'un proche est son vrai désir. Or, il lui faudrait déjà vérifier que l'attente de l'autre est réelle, car, la plupart du temps, c'est ce qu'il imagine. De plus, il devrait être attentif à ce que sa réponse parte d'un élan du cœur, et non d'un effort pour plaire. Pour toutes ces raisons, la solitude lui va plutôt bien, car elle lui permet de se détendre. Si elle peut lui peser sur le long terme, il s'agit néanmoins d'une situation qu'il gère bien, car il n'a pas à y faire de compromis.

IL CROIT QUE SE RANGER AUX ATTENTES D'UN PROCHE EST SON VRAI DÉSIR.

En effet, cette dépendance aux autres pour être acceptable le contrarie. Chez lui, la partie qui se doit d'être convenable et aimable a le pouvoir dans un premier temps. Mais, ensuite, celle qui a envie de ne faire que ce qu'elle veut prend le dessus, et crée de la rancune et de la frustration. Il finit par passer à l'acte, d'abord en mode « sous-marin » (par une attitude, un geste ou une parole), puis en force, si cela n'a pas fonctionné.

Voici deux exemples typiques de réaction du planqué :
• « J'ai envie de te faire plaisir en faisant la cuisine pour toi et, en même temps, ça me pèse de cuisiner souvent. De plus, j'ai peur d'être rejeté si jamais je ne fais pas ce que tu souhaites, ou de te mécontenter. »
• « Je sors au restaurant avec toi parce que, sur le principe, c'est une bonne idée de prendre du temps ensemble. Et, en même temps, je suis fatigué, je serais mieux à la maison. Mais je n'ose pas te contrarier, et je me raconte l'histoire que c'est vraiment mieux d'aller au restaurant, finalement. »

Le cap du ras-le-bol

À force de faire ce genre de concessions, le planqué finit par frôler l'overdose. C'est alors qu'il jette l'éponge ou s'irrite pour un rien. Il peut aussi déplacer son agressivité ailleurs, en la retournant contre lui, et en tombant malade, par exemple. S'il choisit d'extérioriser sa frustration sur le véritable objet de son irritation, cela semblera inadapté.

Planqué soumis ou rebelle ?

Tous deux se sont construits en rapport avec l'autorité.

Le planqué soumis

A priori, il dit oui à tout, cherche à montrer qu'il est d'accord avec vous, et abonde dans votre sens avec un grand sourire. Par exemple, il vient en thérapie en nommant l'objectif qu'il vise. Mais, en réalité, si vous lui conseillez quelque chose, il acquiescera, fera mine de suivre vos recommandations... et n'en fera rien. Il va résister, ou carrément cesser de venir. Il est rebelle en secret, d'un naturel assez phobique.

Le planqué rebelle

Il dit « non » ou « oui, mais... » et finit par se soumettre à l'autre, tout en résistant. L'opposition est plus exprimée que chez le soumis, mais l'énergie reste la même. On comprend son attitude si l'on se rappelle que, lorsqu'on est dans la rébellion, on a tendance à croire qu'on a plus de liberté que dans la soumission. Alors qu'en réalité, ici, le résultat est le même.

> **Sa petite voix intérieure**
>
> « Je suis d'accord avec toi mais, en fait, je te tiens tête. »

En fait, rebelles ou soumis se situent exactement sur le même axe. Pourquoi ? Tout simplement parce que, que l'on se soumette ou que l'on se rebelle face à une injonction familiale ou éducationnelle, il n'y a aucune liberté. C'est soit : « Je fais comme on m'a appris », soit : « Je fais contre », mais, dans les deux cas, je ne suis pas libre d'agir comme je le conçois. J'agis en fonction du monde extérieur, je ne suis pas ma propre référence.

Le planqué rebelle a tendance à être contre-phobique. Comme il connecte l'énergie de la rébellion plutôt que celle de la soumission, pour surmonter ses peurs, il s'y expose. S'il a le vertige, il ira volontiers sauter en parachute, ou prendra plaisir à se rendre dans un pays réputé dangereux. Cela lui permet non seulement de se rebeller mais également de sentir qu'il peut se dépasser.

> IL MARQUE SA PRÉSENCE EN S'OPPOSANT, COMME UN ENFANT QUI TESTE LES LIMITES DE SES PARENTS POUR EXISTER.

En entreprise, on repère facilement le rebelle qui ne cesse de râler contre le système, la hiérarchie, les collègues, sans proposer de solution. Il marque sa présence en s'opposant, comme un enfant qui teste les limites de ses parents pour exister. Le soumis, lui, est souvent passif et hostile. C'est typiquement le genre de personne à sortir de réunion en se plaignant qu'il a perdu son temps, mais ne prendra jamais d'initiative pour l'écourter ou améliorer les processus de prise de décision.

À quoi ressemble-t-il ?

Le planqué est très énergique et, en même temps, il est comprimé dans son corps. La pression qu'il se met se loge souvent au niveau du thorax. Il se sent un peu compressé par un étau, comme s'il avait du mal à respirer complètement. Il a mal au dos, porte un fardeau sur ses épaules. On voit parfois apparaître une ride entre ses sourcils, qui semble signifier : « Sois sérieux ! » Son angoisse peut se lire sur son visage, mais, le plus souvent, il affiche le masque du sourire pour faire bonne figure.

Les symptômes physiques

- Le corps a l'air d'être écrasé par les efforts, par la pression qu'il se met.
- Troubles digestifs si trop de stress, engendré par ses efforts de suradaptation.
- Fatigue physique.
- Tensions musculaires, migraines, problèmes dorsaux.
- Troubles du système nerveux en orthosympathique.

Comment se comporte-t-il ?

Le planqué se montre en général performant dans de nombreux domaines, car il se met la pression pour entrer dans le moule social. Il excelle à jouer tous les rôles attendus en société. Naturellement doué pour repérer les sentiers de la réussite, il sait se montrer très stratège.

Très critique à l'égard de lui-même, il cherche en permanence à s'améliorer. Il est du genre à se faire « thérapiser », coacher, former, mais ne cessera de répéter qu'il est toujours aussi nul. Bref, il vit sous pression ! Son leitmotiv ? « Fais des efforts », car il est convaincu qu'il n'a pas d'autre choix que d'accomplir tout ce qui est écrit dans sa *to-do list*. L'action, l'efficacité, la performance, tenir bon, ne pas craquer sont ses maîtres-mots.

L'autosabotage

La procrastination est un symptôme très fréquent chez le planqué de l'amour. Il n'arrive pas à finir ses tâches, puis s'en veut de ne pas avoir fait assez d'efforts. Il est sans arrêt en proie au fameux conflit soumis/rebelle : la partie soumise, qui veut bien faire, commence par occuper toute la place, puis la partie rebelle prend sa revanche et sabote ce qui a été initié.

À l'âge adulte, le planqué a intériorisé les voix de ses parents en lien avec l'autorité. C'est souvent l'un des deux qui parle dans sa tête en lui ordonnant de bien faire – bien qu'il pense que cette injonction émane de lui ! Cela se manifeste par des ordres qu'il se répète sans arrêt : « Tu dois », « Tu devrais », « Tu aurais dû ». Ces petites voix venues d'une autre époque sont dogmatiques et tyranniques.

Le planqué a tendance à demander à l'autre ce qu'il doit faire, à la manière d'un enfant modèle qui attend sagement les directives à suivre de la part de son instituteur. Mais méfiez-vous... Dès qu'il a l'air d'acquiescer aux consignes que vous prenez plaisir à donner à cet élève si sage, c'est tout le contraire qui se prépare. À un niveau plus profond, il ne va pas faire ce que vous lui avez conseillé, il y va de sa survie. Même si cela paraît absurde, c'est ainsi qu'il s'est construit, à cause de conflits internes et de réminiscences de l'enfance : « Si je dis oui, je vais être absorbé, je suis en danger », « Si je dis non, je vais perdre l'amour. » Comme il a le chic pour accepter et finalement se rétracter, il peut semer de la confusion. C'est un champion du « oui, mais non ».

> C'EST UN CHAMPION DU « OUI, MAIS NON ».

Passif/agressif

Dans la nomenclature psychopathologique, ce profil est plus généralement appelé « passif/agressif ». Il prend souvent une posture de victime : « Je suis mauvais. Qu'est-ce qui ne va pas chez moi ? Qu'est-ce qui bloque ? » Il est plein de bonne volonté pour changer, mais... attention, piège ! Si vous essayez de le convaincre, de répondre à sa place, de lui donner des conseils, vous vous ferez avoir. Car, dès que vous lui proposerez une piste, même si c'est objectivement la meilleure, il partira dans la direction inverse, juste pour ne pas se sentir « drivé ».

La croyance qui forme son identité, c'est « tu ne vas pas m'avoir » ! Derrière son côté adapté, soumis, la contre-identité est ce qu'il va exposer au monde, notamment en parvenant à supporter énormément de tâches et à accomplir tout ce qui est programmé. Il s'engage et le vit comme un lourd fardeau ; plus il en est fier, plus cela signifie qu'il va mal, car cela renforce toujours plus sa structure identitaire. Certains planqués se mettent tellement de pression que le rebelle en eux s'arrange pour ne pas tenir un engagement trop écrasant.

IL EST FIER D'ÊTRE INDÉPENDANT ET AUTONOME.

Dès qu'il imagine que l'on a un plan pour lui, le planqué prend la tangente. Il commencera par se dire qu'il doit satisfaire l'autre, puis qu'il n'est pas à la hauteur ni en mesure de répondre à tout, enfin il aura besoin de tout lâcher. La pression qu'il se met est si grande qu'il finira par résister, en prétextant que c'est vous qui attendez trop et que c'est à vous de changer ! En résumé, il se culpabilise d'abord, puis il se décupabilise en vous culpabilisant.

Indépendant avant tout

Il est fier d'être indépendant et autonome, ce qu'il survalorise : « Il ne faut surtout pas dépendre ! » Sauf qu'à tenir en valeur haute l'indépendance, il ne se rend pas compte qu'il se départit de la relation. Au fond, nous sommes tous interdépendants... S'enfermer dans l'indépendance nous empêche de nous relier à notre humilité et de comprendre que,

si nous voulons nous en sortir, c'est davantage en sachant faire des demandes aux autres qu'en prônant l'indépendantisme à tous crins.
Pour lui, hors de question de montrer une image de faible au monde ! Il a besoin de passer pour quelqu'un qui assure, et déteste par-dessus tout être pris en défaut, critiqué, attaqué ou accusé. Ce n'est que dans l'intimité qu'il parvient à admettre qu'il a du mal à tout gérer. Ce conflit interne lui confère une

apparence ambiguë. Son estime de soi est fragile, il peut vous en parler et demander des conseils, mais sans en tenir compte, et apparaître sûr de ses choix, convaincant en société. Ambivalent, il est souvent pris entre deux feux. C'est alors qu'il s'immobilise, comme paralysé : il ne sait plus quoi faire.

Son formatage

Ne pas dire, mentir, se cacher, se soumettre, puis faire payer.

À la différence de l'alpha, il lui est très difficile de mettre cartes sur table : « Voilà qui je suis, ce que je pense, ce que je ressens, mettons-nous au travail ! » C'est là son chemin d'évolution. Il est plutôt du genre stratège, comme un joueur d'échecs, anticipant cinq ou six coups à l'avance. Quand l'alpha aime être le chef, le planqué, lui, aime être le second. Sa tendance à travailler dur, sans relâche et à être loyal lui permet d'exceller dans ce rôle. S'il lâchait un peu de son exigence de loyauté, il deviendrait un bon leader et pourrait aimer être exposé. Mais le planqué a plutôt tendance à rechercher l'invisibilité, pour ne pas être pris en défaut d'imperfection.

Sur le plan de la relation amoureuse

- Cœur écrasé.
- Son credo : « La vie est dure, je souffre (à cause de toi). » La dynamique masochiste du planqué est de se rendre la vie difficile et d'en être victime.

Entre héroïsme et sacrifice, il joue au partenaire idéal pour faire culpabiliser l'autre.
• Il a peur d'être dominé et contrôlé.
• Il a du mal à être authentique et à instaurer des limites, car il considère la relation amoureuse comme un piège pouvant le priver de son indépendance et de sa liberté.
• La sexualité est rarement satisfaisante pour lui, à cause de la dynamique de frustration. La vie doit être souffrance.
• Sa phrase fétiche en amour : « Je m'adapte pour plaire à l'autre, mais je fais ce que je veux en douce. »

Le planqué est un volontariste de la réussite amoureuse, du couple et de la famille : c'est dans ce domaine qu'il place le plus d'enjeux. Il a des schémas assez arrêtés sur ce que doit être le couple idéal.

C'est aussi un sacré séducteur : au début de la rencontre, il est centré sur son partenaire, cherche en permanence à le capter et à le séduire, et déploie beaucoup d'efforts pour cela. Il présente le tableau parfait qui répond à ses attentes et sait parfaitement faire en sorte de cocher toutes les cases recherchées. Au départ, il n'a pas l'impression de faire des efforts, il ne s'en rend pas compte.

C'est plus tard qu'il en prend conscience, et là, ça se gâte ! Car il peut redouter l'intimité, craignant de se trouver confronté à nouveau à de l'invasion, à du contrôle. Vivre à deux peut vite être un challenge

J'AI ENVIE DE TE FAIRE PLAISIR
... MAIS EN RESTANT INDÉPENDANT...
... TES DÉSIRS SONT LES MIENS
... MAIS C'EST MOI QUI DÉCIDE !

pressurisant pour lui ! Après la période de conquête, qui précède celle de la fusion, il se rend compte que c'est très fatigant d'être si tendu pour obtenir de l'amour : non seulement il a peur de ne jamais en faire assez, mais, en plus, il trompe son monde. Il continue de faire des sourires par-devant mais n'en pense pas moins par-derrière. Il n'ose pas dire non, ou, s'il le fait, toute la diplomatie déployée lui coûte.

Une attitude ambiguë

Champion du mensonge par omission, il garde un jardin secret sur ses points d'insatisfaction, ou alors il les enrobe. Il est donc gentil, ouvert, se croit sincère, mais ne perçoit pas les efforts d'adaptation qu'il crée lui-même. Il n'arrive pas à poser ses limites. Comme pour l'altruiste, la colère est interdite. Mais quand elle émerge, elle peut être explosive. Peu à peu, il se sent envahi de griefs, de ressentiments, de frustrations, qu'il exprimera peut-être s'il a évolué dans le milieu du développement personnel et étudié la communication non violente. Mais, si ce n'est pas le cas, il les taira, par peur de mécontenter son partenaire. Au niveau émotionnel, il lisse et garde ses rancunes bien au fond de lui, tout en ruminant parfois de manière obsessionnelle ; il a le sentiment que l'on profite de lui.

> IL N'ARRIVE PAS À POSER SES LIMITES.

Cette manière de gérer la relation est flagrante en amitié et en amour. Comme il désire éviter tout conflit pour ne pas perdre définitivement le lien, son attitude n'est pas toujours très claire, et le conjoint finit souvent par ne pas savoir sur quel pied danser. Le planqué est en apparence désireux de plaire, mais il cache sa négativité et sa rancune. Et le plat finit par se manger froid... Colérique à l'intérieur, il n'hésite pas à décevoir pour résister à l'autorité que son partenaire représente, quoi qu'il fasse. Puis ce mécanisme génère de la honte et de la culpabilité d'être mauvais et de mettre la relation en péril.

Des prémices de la relation... au cœur du réacteur

En revanche, le planqué est doué pour complimenter et encenser. Donc si vous avez besoin de rehausser votre estime de vous, profitez-en ! Sa compagnie est très agréable, il rend la vie merveilleuse, car il est un peu prince charmant ou femme idéale. On tombe facilement sous le charme de ce profil plein de bonne volonté. Il est si tentant de se laisser embarquer dans sa fusée passionnelle, même si cela risque de retomber comme un soufflé. Car le planqué s'épuise à en faire dix fois trop pour captiver son partenaire. Il a tendance à se raconter des histoires – une représentation d'un couple idyllique ou d'une relation réussie –, qui ne tiennent pas la route très longtemps. Il fait partie des personnes qui préfèrent rêver au couple plutôt que le vivre.

Il a le pied à fond sur l'accélérateur. Et il invite son partenaire à participer activement à son univers... Si ce dernier s'agrippe sans se rendre compte de ce qui se trame, il risque de tomber de haut. Le planqué va commencer à ne plus répondre positivement à tout, comme au début de la relation, puis à mettre des coups de frein aussi forts que ses coups d'accélérateur initiaux, quand il aura le sentiment d'être contrôlé, envahi ou encombré.

Dès que son conjoint se trouve dans les parages, le planqué ne se sent plus libre d'être comme il est : il cherche à plaire et à se conformer à ses attentes. Même si son partenaire ne cherche pas à le contrôler, à exiger du temps, de la sexualité, de la disponibilité ; c'est son vécu, son ressenti. Dans le meilleur des cas, il le signale. Dans le pire des cas, il ne le dit pas, mais le conjoint risque de le payer cher : le planqué reste gentil, avenant, mais met de la distance. Il a de moins en moins envie de voir l'autre, et finit par ne plus le voir du tout...

Ce type de personnalité est le terreau idéal pour embourber l'altruiste ou dépendant affectif : « Il était tellement doux, tellement parfait sur tous les plans ! » Seulement voilà : plus le planqué imagine que l'on a un dessein pour lui, plus on souhaite l'emmener quelque part, moins il donnera. « Puisque tu veux, eh bien... tu n'auras pas ! » « Arrête d'exiger et tu auras », dit-il. Il défend sa liberté – terme qui revient fréquemment dans son vocabulaire. Tout est là pour faire culpabiliser le partenaire : non seulement il n'aura pas ce qui est important pour lui, mais en plus, c'est de sa faute !

Cependant, ne nous y trompons pas : le planqué recherche vraiment l'amour et l'intimité, c'est son plus grand désir. Mais il a si peur de perdre son autonomie en se sentant envahi, contrôlé, obligé, contraint, qu'il en devient ambigu et s'embourbe dans ses contradictions. C'est un grand dépendant, fragile sur le plan de la relation, derrière son indépendance de façade. La dépendance n'apparaît pas, c'est l'indépendance qui est montrée, sauf que c'est exactement l'inverse qui sous-tend cette personnalité.

C'EST UN GRAND DÉPENDANT DERRIÈRE SON INDÉPENDANCE DE FAÇADE.

Performer à tout prix

Sur le plan de la sexualité, le planqué a tendance à vouloir performer. La jouissance s'atteint par l'abandon et non en forçant pour l'atteindre ; elle exige justement de savoir perdre le contrôle. Le planqué, lui, va au contraire chercher à atteindre l'orgasme, il sait faire monter l'excitation, mais a du mal avec le frein, le fait de relâcher la pression, de ne plus chercher à aller quelque part. Il est obnubilé par l'idée de satisfaire et de plaire à l'autre, de se prouver qu'il est capable de jouir ou qu'il faut y arriver.

Il a en tête des objectifs, une représentation de ce qu'est un bon amant, et il va tâcher de correspondre à cet idéal. Il est en mode « forcing », à la recherche de l'orgasme à tout prix. Pour cela, il peut utiliser des fantasmes ainsi qu'une panoplie de jeux sexuels.

Bref ! Il en veut toujours plus ! Avide d'expériences, c'est un voyageur et un explorateur de la sexualité. Si son partenaire n'est pas partant, il se contraint et se punit en s'interdisant toutes ces expériences intenses, mais risque de le lui faire payer plus tard, en le délaissant, en compartimentant sa vie amoureuse avec un amant en parallèle, ou en ne mettant tout simplement plus de bonne volonté dans la relation.

Sur le plan physiologique, son système nerveux est axé sur l'activation et non la désactivation, c'est-à-dire la branche orthosympathique du système nerveux, celle qui accélère, à l'inverse du frileux, dont le système nerveux est axé sur la désactivation, c'est-à-dire sur le frein. Mais ce n'est pas elle qui mène le mieux à l'orgasme, qu'on appelle « petite mort ». C'est bien compliqué pour cet obsédé de la performance ! De même, le *slow sex* a de fortes chances de l'ennuyer, à moins qu'il ne l'utilise comme une technique pour s'améliorer ou faire plaisir au partenaire.

Quand la crise survient

En cas de conflit, le planqué est partagé entre deux attitudes : redoubler d'efforts, ou fuir. Il peut tenter de rester dans la communication, car c'est un persévérant. Une partie de lui veut réussir, n'a pas envie de lâcher ce qu'il a construit, mais l'autre y rechigne, et souhaite ce qui est bon pour lui. Il met alors les plus et les moins de la relation sur une balance. Si elle penche du bon côté, il reste et continue de s'accrocher. C'est ainsi qu'on le voit arriver en thérapie de couple, très motivé, alors qu'en réalité, il attend secrètement une validation pour gagner la liberté qu'il ne s'accorde pas tout seul.

Dès qu'il se sent heurté par l'autre, il s'estime coincé. Il a envie de s'adapter pour réussir son couple, mais, en même temps, il commence à ne plus y croire. Comme il n'aime pas le conflit ouvert, pour s'échapper de l'impasse, il projette une nouvelle histoire d'amour, un(e) autre homme/femme idéal(e) ou prince charmant qui viendra le sauver, et aura envie de recommencer à zéro un couple idyllique – la théorie des âmes jumelles est particulièrement appréciée chez les planqués.

Quand le conflit est trop intense, il peut prendre une décision brutale et tout lâcher d'un coup. Mais, en règle générale, il va attendre d'être quitté en premier. De toute façon, il a du mal à savoir ce qu'il veut réellement, car il a toujours pris l'extérieur en référence. Étant donné qu'il ne veut pas décevoir, ni fâcher les autres, ou les blesser, il ne dira jamais ce qu'il pense vraiment et se sentira de plus en plus piégé. Comme il n'aime pas mettre fin à la relation, il aura tendance à rester, bien après la crise, au point de taper sur les nerfs de son partenaire. Et c'est l'autre qui finira par partir ! Le planqué sera la victime, perçue comme loyale et innocente, et

C'EST LUI QUI EST MAÎTRE DE LA RUPTURE.

l'autre, le grand méchant. Mais, vous l'aurez compris, c'est un peu plus compliqué que ça !

Toutefois, si jamais le planqué rompt, il aura le sentiment d'avoir ménagé son partenaire, en lui expliquant qu'il méritait mieux. Et, quand le moment sera venu de faire le point, il ruminera ses fautes supposées, se sentira responsable d'avoir mal agi, se demandera s'il a blessé son ex, comment il aurait pu faire autrement, et remettra la faute sur lui, avec un fort sentiment de culpabilité. C'est lui qui est maître de la rupture, même s'il fait croire que c'est l'autre...

Quelles sont ses blessures ?

Entre 2 et 4 ans, l'enfant commence à aller vers son désir d'indépendance ; il a envie de découvrir le monde, de toucher à tout ce qu'il trouve et de faire par lui-même !

• Premier cas de figure : le planqué a eu une mère maternante, mais qui a eu, elle-même, un problème d'abandon dans son parcours. Elle a eu du mal à laisser son enfant explorer, aller avec d'autres, car elle avait rapidement peur pour lui. Subtilement, elle annonçait : « Eh bien, vas-y, explore ! » Mais le message caché était : « Si ça tourne mal, ne compte pas sur moi ! » L'enfant s'est alors dit en son for intérieur : « Si j'exprime mon désir, je vais être abandonné. » Pour une mère, l'enfant qui se met à ramper, puis à marcher, fait à chaque pas un grand saut vers son autonomie, et elle peut se sentir inquiétée quant à la future séparation qui se profile. C'est particulièrement vrai de ces mères qui ont procréé pour remplir leur vide existentiel.

Sa blessure

Humiliation, structure masochiste, frustration.

• Deuxième cas de figure : une mère anxieuse, qui a surprotégé son enfant en l'empêchant d'explorer. Trop fusionnelle, elle a transmis ses peurs à l'enfant.

• Troisième cas de figure : des parents qui rêvaient que leur progéniture réussisse là où eux n'ont pu aboutir. Ce type de parent narcissique a fait porter à l'enfant un poids pour être aimé. « Je serais tellement heureux si tu devenais musicien, chirurgien, ou avocat... » Pour faire plaisir au parent, croyant être le seul capable de le satisfaire, l'enfant a adopté son programme, tout en résistant secrètement.

• Quatrième cas de figure : la mère culpabilisante. « Après tout ce que j'ai fait pour toi, c'est ce que j'obtiens en retour ! » La culpabilité est devenue le thème central de la relation. L'enfant a intégré la conviction suivante : « Je n'ai pas le droit d'être moi, je fais du mal à maman. » Scénario qui s'est généralisé, plus tard, à tous ses partenaires.

• Cinquième cas de figure : des parents intrusifs et abusifs, qui forçaient l'enfant. Avec la nourriture, par exemple – qui n'a pas entendu le fameux : « Mange tes épinards, sinon tu ne sortiras pas de table ! » ? Ou avec le passage à la propreté. Ou tout simplement pour un pull qui gratte : l'enfant ne veut pas le mettre, mais le parent insiste en lui disant qu'il l'a tricoté pour lui – « Mais non, il ne gratte pas ! »

En résumé, le planqué a eu des parents contrôlants, qui pensaient savoir mieux que l'enfant ce qui était bon pour lui. Il a grandi dans une famille où il y avait beaucoup de règles, énoncées pour son bien. L'enfant s'y est adapté, parce qu'il n'avait pas le choix, le parent ayant le pouvoir. En analyse transactionnelle, on dit que l'état du « moi » aux commandes est l' « enfant soumis », sous l'influence du message contraignant « fais plaisir » à papa et maman. Le planqué adulte, dans son rapport aux autres, a du mal à se départir de ce message contraignant : « Fais plaisir aux autres. » Mais en filigrane, la charge émotionnelle est violente, et à la hauteur de la soumission. L'enfant rebelle, celui qui a envie de dire « va te faire voir », n'est jamais très loin. Comme dans les viols, il peut y avoir cette pensée sous-jacente envers autrui : « Tu auras mon corps, mais pas mon âme ! »

> IL A GRANDI DANS UNE FAMILLE OÙ IL Y AVAIT BEAUCOUP DE RÈGLES.

Ne nous méprenons pas : il n'est pas question d'ôter toutes les limites à l'enfant, celles-ci sont structurantes. Mais on peut fixer des règles en restant empathique, sans être rigide. Face à des parents trop autoritaires, l'enfant qui aurait envie de se rebeller et de protester peut imaginer perdre leur amour : il va donc se soumettre et être gentil en acquiesçant « de façade ».

En résumé

L'enfant a renoncé à son autonomie pour ne pas être abandonné ou englouti par un parent anxieux ou autoritaire. Pour survivre, il a créé une formule d'adaptation aux attentes d'autrui, et a réprimé son vrai « Moi », tout en déployant une force cachée pour se rebeller. Grâce à cette capacité de résistance, le petit planqué est parvenu à survivre dans un environnement qu'il jugeait hostile.

Vous êtes un planqué… que faire ?

Relâchez la pression

Si vous vous reconnaissez dans le profil du planqué, la première chose à faire est de prendre conscience de ce message que vous vous répétez sans cesse, que vous appliquez à tous les domaines de la vie, et qui vous met tant la pression : « Fais un effort. » Ce côté volontaire est excessif et vous empêche de vous relâcher. L'emprise de ce message génère un manque de confiance en la vie. Autrement dit, vous croyez qu'il faut persévérer et travailler dur pour réussir une vie professionnelle ou une vie amoureuse, que vous seul avez la main pour que les choses se réalisent ou pas.

Prenez le temps de réviser votre point de vue. Endosser toutes ces responsabilités sur vos épaules, c'est une illusion de toute puissance. L'enfant de 4 ans a une pensée égocentrique, il ramène tout à lui et pense avoir la baguette magique qui pourra rendre ses parents contents ou mécontents en se soumettant ou pas à leur bon vouloir. Mais l'adulte peut réécrire ce scénario, et gagner la conviction que, quoiqu'il se passe, il parviendra à gérer. Apprenez à cesser de tout prévoir, tout savoir à l'avance, laissez la vie vous faire des clins d'œil. En amour, c'est la même chose : tout n'est pas de votre fait, ce qui doit arriver arrive, et tout ne dépend pas de vous tout le temps.

Apprenez à faire confiance

Vous manquez de confiance en vous, en l'autre et surtout en la vie ! Vous n'imaginez pas que vous pouvez être aimé juste pour qui vous êtes, en particulier en amour, où vous vous sentez responsable de tout. Vous croyez que le bonheur et le bien-être de l'élu de votre cœur dépendent beaucoup de vos attitudes. Vous imaginez que vous avez beaucoup plus de pouvoir sur l'autre que la réalité.

C'est ainsi que vous guettez le moindre signe qui prouve que vous ne faites pas assez bien, vous cherchez à assurer parfaitement dans toutes les sphères de votre vie. Évidemment, cette image idéale de vous-même vous joue des tours. Essayez de lâcher un peu ce superman ou cette wonderwoman qui doit assurer sur tous les plans. Vous n'êtes pas l'unique responsable du bonheur des uns et des autres. Chacun utilise l'autre pour aller vers son plaisir ; ayez conscience que votre partenaire vous utilise aussi pour trouver ce qu'il cherche et, s'il est insatisfait et qu'il se plaint de vous, cela ne veut pas dire pour autant que vous êtes responsable.

> VOUS N'ÊTES PAS L'UNIQUE RESPONSABLE DU BONHEUR DES UNS ET DES AUTRES.

Cette illusion de toute-puissance vous empêche d'être qui vous êtes. Alors, plutôt que de croire qu'être authentique est dangereux, que vous ne pourrez jamais être accepté tel que vous êtes, soyez audacieux : osez être vous-même dans la relation amoureuse. Prenez votre courage à deux mains, juste pour constater que vous aurez une grande joie à être plus proche de vous, que vous agissez d'abord pour vous-même. Vous vérifierez que l'on peut rester avec vous sans que vous ayez à vous plier en quatre pour l'autre.

Osez être vous-même

L'expérience prouve que, chez ceux qui ont gagné en authenticité dans la relation amoureuse, la toute première chose qu'ils ont remarquée était la joie immense de savourer le « rien que pour soi », « même pas pour l'autre ».

Cette compétence se gagne par étape. La toute première consiste à se départir de la réaction du

Son défi

Être authentique et autonome.

partenaire : « Je m'exprime, je dis ce que je vis, ressens et pense, et je deviens libre ! » La deuxième étape est de rester bienveillant avec soi. Attendez-vous à ce que ce ne soit pas toujours facile. Parfois, les enjeux dépassent l'envie de vivre en vérité. Mais posez une intention philosophique à l'idée de devenir toujours plus vous-même face à l'autre, comme si vous étiez face à vous-même : n'auriez-vous pas alors cette exigence d'authenticité ?

N'hésitez pas à prendre de la distance : dans la solitude, vous contacterez plus facilement votre vrai moi. Trop proche des autres, vous risquez d'être parasité par votre conflit intérieur. S'écouter n'est pas une mince affaire quand on a internalisé une voix parentale qui oblige à bien faire.

Votre challenge fondamental est : *« Show up ! »* Montrez-vous, exposez-vous, surtout dès que vous entrez dans l'intimité. Tant que vous ne vous percevez pas dans un couple officiel, tout va bien, vous ne vous mettez pas la pression pour être gentil. C'est dès que vous plaquerez le mot « couple » sur votre relation que vous risquez de retrouver la peur d'être « obligé de ». Paraître gentil, convenable et bon est une manière de contrôler la personne aimée... Bien sûr, vous n'en êtes pas conscient, c'est plus fort que vous. Lâchez ce contrôle, « Cessez d'être gentil, soyez vrai », (comme le stipule le livre de Thomas d'Ansembourg[1]) !

Cessez de demander à votre partenaire : « Que dois-je faire ? Peux-tu m'aider à changer ? Tu as des idées, je t'écoute ? » C'est votre piège préféré pour tenir les rênes : vous jouez à la victime qui appelle à l'aide, pour finir par ne rien prendre du tout de votre sauveur. Être performant est devenu une seconde nature, et ce, dans tous les domaines de la vie : bon mari, bon compagnon, bon amant, bonne épouse. Vous jouez des rôles, et vous savez faire, mais qui est là, au fond ? Et si vous déposiez une fois ce masque, que risquez-vous vraiment ? Si vous dites « oui », dites vraiment « oui » ; si c'est « non », dites-le franchement. Cela vous donnera plus de crédibilité, et vous gagnerez la confiance des autres.

DÉMASQUEZ LE REBELLE QUI EST EN VOUS !

Démasquez le rebelle qui est en vous ! Il fait partie de vous et reviendra au galop dès que vous essayerez de vous adapter au-delà de vos possibilités. Ce rebelle est très énergique, il correspond à toute la colère que vous ne parvenez pas à exprimer. En choisissant de la comprimer plutôt que de l'exprimer, elle prend le pouvoir sur vous, et vous n'êtes plus maître à bord. D'où vos bouderies incessantes, vos coups bas

1. Thomas d'Ansembourg, *Cessez d'être gentil, soyez vrai*, Les Éditions de l'Homme, Paris, 2001.

indirects mais cinglants et incompréhensibles pour les autres. Rares sont ceux qui possèdent le mode d'emploi pour vous comprendre. La majeure partie de votre entourage risque fort de se sentir heurtée par votre facette revancharde. N'ayez plus peur de votre violence.

Quelles thérapies ?

Vous pouvez opter pour à peu près tous les styles de thérapie, car, en général, vous êtes très partant pour tout ce qui concerne le développement personnel.

Le risque est souvent que vous en suiviez beaucoup, sans aller au bout de la démarche. Vous êtes enclin à écouter tout ce que disent les thérapeutes, mais vous avez tendance à ne pas changer grand-chose, pour garder la main. Les planqués figurent parmi les patients les plus agréables, mais néanmoins les plus difficiles à gérer pour un thérapeute, car ils reviennent en disant : « Rien ne bouge... » Il faudra mener un important travail d'introspection pour apprendre à mieux vous connaître et à prendre soin de vous, en trouvant vos ressources propres.

Vous êtes en couple avec un planqué... Que faire ?

Deux personnes qui se rencontrent, c'est forcément de la friction. Deux univers différents, deux modes de survie se mettent en relation. Le défi est donc de gérer ces frictions, inévitables, tout en restant en relation.

Faites attention à lui : c'est une bombe à retardement

Malgré son assurance apparente, le planqué est d'une grande fragilité affective, qui anticipe un éventuel rejet à la première occasion. Sachez déceler son effort de « suradaptation » à vous derrière sa manière de deviner vos projets, vos attentes et de s'y engouffrer avec toute sa bonne volonté. Il pense que, s'il vous montre qui il est vraiment, vous ne l'aimerez pas.

Le planqué de l'amour peut rendre accroc narcissiquement parce que vous aurez l'impression qu'il vous admire. Mais, en abondant dans son mode de fonctionnement, vous vous retrouverez piégé. C'est quand il se met à suivre vos envies, faisant mine d'être content, que vous risquez de le perdre. Si vous n'êtes pas conscient que derrière le soumis se cache un rebelle en veilleuse qui abrite une colère cachée, gare à la bombe à retardement...

Acceptez-le vraiment tel qu'il est

L'accepter tel qu'il est, voilà le challenge de cette relation. Si vous modérez les points d'insatisfaction, sans broncher, il va se sentir accueilli et baisser les armes, même s'il ne vous aura plus comme partenaire de frustration pour rejouer son conflit interne. Le tout est de rester en lien, notamment quand il se soumet, alors que vous souhaitez quelqu'un de plus franc, et également lorsqu'il se rebelle et ment, omet, boude, dit une chose en pensant l'inverse.

> LE TOUT EST DE RESTER EN LIEN.

Le passif/agressif crée une illusion d'optique : vous avez l'impression que cette personne fait tout pour vous (ce qui est vrai) et vous aurez tendance à l'idéaliser, puis à lui adresser des reproches et à le faire descendre de son piédestal. Vous projetez souvent sur lui une image idéale qui ne correspond pas à sa réalité. Par la suite, vous serez tout étonné de constater qu'il n'a rien à voir avec cette belle image. Le planqué est sensible aux critiques... Si vous l'assommez de reproches, il va se défendre tout en ne se montrant pas très sûr de lui, car il aura peur de perdre la relation. Il ne répondra pas directement ni franchement, étant dénué de l'énergie agressive propre au profil des alphas. Si vous devez lui adresser une critique, ne le menacez jamais d'une potentielle rupture. Étant toujours tourné vers le futur, il imagine déjà les conséquences d'un rejet potentiel, même s'il ne vous en parle pas, car il n'aime pas le conflit.

Il vous donne le pouvoir

En fait, ce que vous ne savez pas, c'est que le planqué transpose sur vous une référence d'autorité. En clair, il vous donne du pouvoir ! Ainsi, il se trouve dans une relation parent/enfant, et non adulte/adulte, en particulier s'il est vraiment amoureux. Plus il est en émoi, amoureux, fasciné, attentif, suiveur, agréable, voire fusionnel, moins vous devez baisser votre garde. Comme un enfant rebelle, il va aimer décevoir vos attentes. Alors, même si vous en avez, débrouillez-vous pour faire comme si celles-ci n'avaient pas d'importance, trouvez des stratégies pour les satisfaire autrement qu'avec lui, au risque de partir dans un bras de fer. Car plus vous aurez des attentes exprimées, plus il se fera un malin plaisir à ne pas y répondre, tout en disant l'inverse.

Quand le planqué devient volontariste, se met dans l'action et que vous le sentez s'activer en faisant trop d'efforts, arrangez-vous pour l'aider à diminuer son stress, à lâcher prise, à se reposer, à s'amuser, à détourner son attention du devoir de vous faire plaisir. Il vous sera reconnaissant et se sentira compris de l'intérieur.

Il est fier d'être flexible, souple et adaptable. Aidez-le au contraire à marquer son territoire et ses limites, parce que cette soi-disant qualité n'en est pas une, elle est simplement récupérée par l'ego pour se faire aimer. Au fond, il ne cherche qu'à être lui-même sans s'adapter ! Il admire d'ailleurs ceux qui n'ont pas peur du conflit. Ramenez-le à ce dont il a vraiment envie, sinon, il risque de vous le faire payer indirectement, et en cachette ! Quand il entre dans sa période de passivité, en s'éloignant, fatigué de s'être suradapté, allez le chercher, sans l'accuser, mais sans être dupe. Ne le lâchez pas, il a besoin de sentir votre attachement, sans reproches. Laissez-le revenir quand lui l'aura décidé.

> RAMENEZ-LE À CE DONT IL A VRAIMENT ENVIE.

COMPATIBLE

Avec quels profils est-il compatible ?

Le planqué et le frileux

Le planqué et le frileux ont des points communs, car ils ne se sont pas sentis vraiment accueillis dans le monde et ont développé des stratégies pour s'y faire une place. Ils n'aiment pas les conflits et ont l'habitude de tout rationaliser. Ils conçoivent les difficultés du couple comme des problèmes à résoudre par A + B. Le registre des émotions est perçu comme rédhibitoire et dangereux : le frileux ressemble à une tortue qui se réfugie dans sa carapace, le planqué à une souris qui entre dans son trou pour se cacher.

Ils aiment faire des compliments et minimiser les problèmes de leur duo. Le frileux sera ravi de l'autonomie du planqué, car elle lui permet de préserver son espace. Tous deux aiment compartimenter, pour conserver la paix au sein du ménage, et ont une fâcheuse tendance à jouer à la cocotte-minute en amour. Ils ne sont donc pas à l'abri d'une crise violente, à force de ne pas avoir mis cartes sur table.

Ils utilisent la sexualité pour sentir l'intensité de la vie les traverser. Le frileux a besoin de sexualité pour sentir l'incarnation, même s'il sait très bien s'en passer ; le planqué, lui, se montrera plus demandeur, car il la recherche pour son addiction à l'intensité.

Le planqué et l'altruiste

Le planqué est un volontariste de l'amour ; il a tendance à penser qu'on réussit son couple comme un plan de carrière, et à se martyriser avec des schémas tout faits et manichéens : échec/réussite. Dans ses périodes d'abattement, s'il a le sentiment de collectionner les échecs amoureux, le planqué peut être attiré un temps par l'altruiste. Contrairement à lui, celui-ci a en effet accès à ses émotions et n'a pas peur de les exprimer. Ici, ce sont donc les contraires qui s'attirent ! L'altruiste est un partenaire qui ne lui tient pas tête, mais qui peut être dépendant et trop attendre de lui.

Le risque est que le planqué se rétracte, car il n'aime pas être contrôlé. Il va alors s'embourber sans dire toute la vérité et refuser de donner plus. En général, c'est le planqué qui rompt, à force de ne plus donner de signes de vie, mais pas de manière franche. Il préfère attendre que l'autre l'écarte de sa vie. Il est du genre à se faire quitter par épuisement, lors du dernier round, en s'arrangeant pour que l'autre le fuie, et en endossant la responsabilité de la faute. De toute façon, il choisira de se faire critiquer plutôt que de rompre le premier.

Si le planqué entre dans une période de sa vie où il a besoin de stabilité, il peut épouser un altruiste qui lui offrira un foyer, de la sécurité, un cadre, et y rester longtemps. Mais il a de grandes chances d'être infidèle comme le clivé, cachant ses petites romances à son partenaire.

Le planqué et l'alpha

Ils ont en commun le goût de l'adrénaline et de la réussite, la crainte de se montrer vulnérables, mais aussi le fait de faire passer le devoir avant le plaisir, perçu comme futile.

Son désir profond

Prouver que la vie est cruelle et les gens mauvais. Il attend des autres qu'ils le plaignent et le sauvent (à moins qu'il ne joue lui-même au sauveur).

Le planqué est attiré par l'alpha, dont il admire l'énergie. Avec lui, il rejoue tout son drame interne. L'alpha est contrôlant et affirmé, exactement le symbole de ce que le planqué aimerait être ! Celui-ci va se soumettre dans un premier temps, puis se rebeller. Il peut passer pour un oiseau fragile aux yeux de l'alpha, ravi de le prendre en charge. Mais l'alpha peut ainsi se sentir trahi après coup, lorsqu'il s'apercevra que le planqué n'ose pas se montrer tel qu'il est, même avec lui. C'est alors qu'il commencera à douter.

IL SUFFIT QU'ON LEUR IMPOSE QUELQUE CHOSE POUR QU'ILS N'EN AIENT PAS ENVIE.

Ceci dit, le binôme peut fonctionner dans une symbiose parent/enfant, l'alpha endossant le rôle principal du parent, le planqué celui de l'enfant (soumis, rebelle). Lorsqu'il aura envie d'évoluer et de se libérer, d'avancer en fonction de ses vrais désirs, il aura du mal à choisir sa liberté, à cause de la notion d'engagement qui reste une priorité pour les alphas. Il suffit qu'on leur impose quelque chose pour qu'ils n'en aient pas envie : l'alpha a donc tout intérêt à ne pas le contraindre. Il aura alors le choix entre se ranger du côté de la morale que défend l'alpha, ou s'envoler vers d'autres horizons, rongé par la culpabilité.

Le planqué et le planqué

Comme pour les autres profils « endogames », le planqué peut vivre une association de partenaires. En règle générale, les profils similaires ne s'attirent pas plus que ça, faute de complémentarité. Cependant, ils peuvent fonctionner ensemble tranquillement, car ils se comprennent sans avoir besoin de se parler.

Les planqués se rallient autour de leur valeur commune, l'autonomie, fortement ancrée en eux. Tous deux ont peur d'être contraints par l'autre et de se retrouver enfermés, coincés. Ayant des difficultés à poser leurs limites de façon claire, le plus simple pour eux est de faire coexister leurs indépendances !

> LES PLANQUÉS SE RALLIENT AUTOUR DE LEUR VALEUR COMMUNE, L'AUTONOMIE.

Ils peuvent aussi être fusionnels, mais auront les compétences pour défusionner et retrouver leur espace propre. C'est pourquoi les planqués peuvent construire un binôme original, avec beaucoup de liberté et d'ouverture sur le monde extérieur.

Cependant, ils risquent de déployer des efforts intenses pour plaire et mettre de côté leurs points de divergence. Alors, quand chacun sera las de dépenser tant d'énergie (pour devoir être si gentil, si parfait dans les rôles d'époux, d'amant, de parent...), ils le feront payer à l'autre.

Au final, pour survivre en tant que couple, il leur faudra sans doute réviser leur mode de fonctionnement, en osant s'aligner sur leur axe réel, sans se tourner constamment vers l'autre... en le lui faisant payer par la suite !

Le planqué et le clivé

Le planqué peut s'attacher au clivé, car ils ont bien des points communs. Tous deux ont tendance à se sentir contrôlés et cherchent à éviter une trop grande intimité. Pour le planqué, cela consistera à passer sous silence ses motifs de mécontentement pour les faire payer plus tard. Pour le clivé, le mode de défense sera de se couper d'une partie de son être.

> TOUS DEUX SAVENT TRÈS BIEN ÉVITER DE SE METTRE À NU.

Tous deux savent très bien éviter de se mettre à nu, malgré leur profond désir d'authenticité. Cette tension entre un désir profond de s'approcher de soi dans la relation amoureuse et le fait de rester vigilant crée chez ces deux profils un grand écart inconfortable dans leur monde intérieur.

Entre le planqué soumis et le clivé romantique, tout va bien en apparence. Ils fonctionnent sur le mode de la tendresse et du partage au niveau de la cellule familiale. Ils seront du genre à s'accrocher, contre vents et marées. Si un événement venait à renverser cette mécanique bien huilée, le soumis se transformerait en rebelle, et le romantique cesserait de donner à perte.

***

le clivé de l'amour : coupé sexe/cœur

Ce qu'il dit
« Regardez comme je suis beau, parfait et sans faiblesses. »

Sa petite voix intérieure
« Je suis inadéquat, on va me rejeter. »

Son formatage
Se couper du cœur ou du sexe pour être aimé.

Sa blessure
Rejet, cœur meurtri, structure rigide.

Son désir profond
Garder le contrôle, dominer. Les autres doivent se conformer à sa façon de voir.

Son défi
Intégrer le cœur et le sexe en même temps, jouer librement dans le jeu de la vie, s'ancrer dans la matière.

Qu'est-ce que le clivage ?

Avant toute chose, pour comprendre ce profil, un peu de théorie s'impose. Qu'est-ce que le clivage ? Il s'agit d'un mécanisme de défense. Revenons à cette notion basique de psychanalyse, théorisée assez simplement par Melanie Klein, psychanalyste austro-anglaise de la première moitié du XXe siècle : pour le nourrisson, le sein de la mère se montre tour à tour *bon* ou *mauvais,* selon qu'il satisfait ou frustre le désir du bébé. Le sein est clivé en un *bon objet* et un *mauvais objet*.

IL S'AGIT D'UN MÉCANISME DE DÉFENSE.

Aujourd'hui, les neurosciences ont largement élargi cette notion : ce n'est pas qu'une histoire de seins, ni de rapport à la mère, mais cela concerne un contexte général, approprié ou non aux besoins de l'enfant, et qui engendre un dérèglement physiologique dans le deuxième cas.

Ce clivage en bon et mauvais objet amène l'adulte à adopter les mécanismes suivants : « Je suis une bonne personne », ou : « Je suis une mauvaise personne » (on appelle cela « introjecter »). Il bascule très facilement de l'un à l'autre. Et il projette ce fonctionnement à l'extérieur : « Je suis avec une bonne personne » (je l'idéalise), mais « Elle peut très facilement se transformer en une mauvaise personne dont je dois m'éloigner, ou qu'il me faut carrément rejeter. »

Ce mécanisme a trait à la notion d'impuissance et de toute-puissance que les clivés de l'amour connaissent bien. N'ayant pas pu bénéficier d'un environnement suffisamment satisfaisant, ils ont dû compenser dès le plus jeune âge. Comme nous l'avons souligné à plusieurs reprises, l'enfant ne peut concevoir que c'est son environnement parental qui est défaillant, car il ne fait pas la différence entre sa mère et lui (la notion de moi arrive tardivement) : il intègre donc la croyance que la faute lui incombe, même lorsque ce n'est pas le cas. C'est aussi une manière de compenser cette impuissance insupportable.
Son mécanisme devient donc le suivant : « C'est grâce à moi – ou à cause de moi – que je vais bien » (toute-puissance) ou : « C'est grâce à moi ou – à cause de moi – que je me sens mal » (impuissance). Jusqu'ici, rien de bien grave. Mais ça va plus loin, puisqu'il projette ce mécanisme sur l'extérieur : « C'est grâce à lui ou à elle que je me sens bien » (toute-puissance) ou : « C'est à cause de lui ou d'elle que je vais mal » (impuissance).

Qui est-il ?

On reconnaît le clivé à sa personnalité très énergique. Il est en général séduisant, a l'air sûr de lui et réussit dans la vie. Mais ce n'est malheureusement pas si simple : car, en réalité, le clivé pense qu'il n'a de valeur que s'il réussit. Sous une aisance apparente, il cache une faible estime de lui. L'identité est

Ce qu'il dit

« Regardez comme je suis beau, parfait, et sans faiblesses. »

fondée sur une honte de ne pas être « aimable », par exemple, de ne pas être physiquement assez attractif. La fierté, elle, est basée sur le fait de réussir, d'atteindre des objectifs.

Nous avons souvent l'occasion de répéter, en consultation, que, pour avoir des relations amoureuses saines, il faut être « alphabétisé » émotionnellement. Ça veut dire quoi ? Tout le monde n'est pas capable de créer des relations intimes et du lien. Pour être émotionnellement sain, il faut que le système nerveux ne soit pas trop élevé au niveau orthosympathique. Dit plus simplement, cela signifie que trop de pression, d'agitation ou d'hyperactivité n'est pas compatible avec l'intimité. De même, si le tonus du système nerveux est trop élevé au niveau parasympathique (la branche du système nerveux qui sert à ralentir, à mener à l'endormissement, par exemple), il y aura trop de freins, d'inhibition, de dépréciation, de colère rentrée, ce qui mène à un état dépressif, apathique, nuisant à l'intimité et à la fusion.

LE DÉFI GLOBAL DE CE PROFIL EST DE PARVENIR À FAIRE COÏNCIDER AMOUR ET SEXUALITÉ.

Dans la sexualité, l'équilibre à trouver se situe entre la passion et l'excitation du désir, qui activent

l'orthosympathique, et le lâcher-prise et la tendresse, qui animent le parasympathique. C'est précisément le problème du clivé : il sépare, coupe, catégorise, hiérarchise. Bienvenue au royaume du « SOIT » au lieu du « ET » ! Soit il aime au niveau du cœur, soit il aime au niveau du sexe. Mais pas les deux en même temps. Le défi global de ce profil est de parvenir à faire coïncider amour et sexualité.

Le clivé (homme ou femme) correspond parfaitement aux archétypes de la publicité et possède – ou essaie de posséder – tous les atouts de séduction attendus pour chaque sexe. L'homme clivé est tout en muscles, avec des épaules larges et carrées. Il a de l'argent et du pouvoir, ou est charismatique.

Quant à la femme clivée, elle est elle aussi très tournée vers son look, et fait tout ce qui est en son pouvoir pour rester une séductrice le plus longtemps possible. Tout comme l'homme clivé, elle donne son corps en fermant son cœur, ou son cœur en fermant son sexe. Comme la marquise de Merteuil dans *Les Liaisons dangereuses*, elle est manipulatrice en amour et se comporte à l'opposé du cliché de la femme douce, conciliante, fidèle et asexuée.

Clivé romantique ou sexuel ?

Les clivés se divisent en deux catégories : le profil romantique et le profil sexuel. Pour tous deux, la relation amoureuse est appauvrie d'une partie : soit le cœur, soit le sexe, puisque la totalité de l'être ne peut être offerte. Leur défi est de parvenir à ouvrir leur cœur tout en ayant une sexualité épanouissante.

Le clivé romantique

N'en déplaise au poncif qui voudrait que les femmes soient surreprésentées dans cette catégorie, ce profil concerne également les hommes. Attentionné, aux petits soins, le clivé romantique regroupe tous ceux qui ont besoin de réparer les manques affectifs de leur enfance.

À l'image d'un troubadour, il donne tout pour une femme aimée et idéalisée. Tout... à l'exception du sexe, qui ne l'intéresse guère. Romantique, réservé et méfiant, il préfère renvoyer l'image d'un homme sensible, à l'opposé du grossier prédateur consommateur compulsif de femmes.

Cette représentation d'un homme respectueux de la femme l'amène à se couper d'une partie de lui-même : « Je donne mon cœur mais pas mon sexe », « Je suis gentil et doux avec les femmes, mais elles

sont potentiellement castratrices, donc je me méfie. » Le pôle féminin de l'homme occupe ici le premier plan : empathique, il comprend les femmes, sait les écouter et les cerner. Chez lui, l'énergie sexuelle est soit peu incarnée, soit réservée à des femmes étiquetées comme « sexuelles ». Quant aux femmes clivées romantiques, nul besoin de dresser leur portrait, le cliché de la femme désintéressée par les relations sexuelles mais toute en attente de partage avec son conjoint est largement répandu.

Au fur et à mesure de la relation…

Au début de la rencontre, le clivé semble parfait ! Il montre de l'appétit sexuel et de la tendresse, tout a l'air normal et plutôt bien engagé. Mais, quand la relation s'approfondit et dure, la tendresse prend le pas sur la libido. Le clivé vit alors la relation sur le mode fraternel : le désir s'éteint, devient moins intense. La tendresse et l'attachement sont toujours présents, mais c'est comme si le feu de la passion avait disparu.

LE CLIVÉ VIT LA RELATION SUR LE MODE FRATERNEL.

Si son partenaire ne le confronte pas à la diminution de la fréquence ou de la qualité des rapports sexuels, le romantique ne revendiquera pas de changements dans ce domaine. Pour lui, c'est normal. Quand il s'agit d'une femme, elle va d'autant plus relativiser le problème avec l'apparition d'un enfant au sein du couple. Avec la naissance d'un enfant au sein du couple, la fonction mère est fortement investie, au détriment de la séduction et de la sensualité, souvent au grand dam du conjoint : « Je suis celle qui donne tout à son époux et à sa famille. » Elle joue à fond le rôle de l'épouse et de la mère parfaite, en se montrant généreuse, douce et patiente, jusqu'à sacrifier ses plages de liberté. Si l'on pousse l'exemple à son paroxysme, c'est le type de femme que l'on peut retrouver dans une boîte échangiste, uniquement dans le but de faire plaisir à son mari. Si elle clive à l'intérieur, elle peut aussi le faire à l'extérieur : « Mon partenaire ne peut pas m'aimer si je n'entre pas dans la catégorie de l'épouse aimante et correcte, je ne dois pas être celle qui rêve d'assouvir ses fantasmes les plus débridés. »

Pourquoi le clivé se coupe-t-il ainsi de la sexualité ?

• Il place la famille au premier plan et l'intimité du couple au deuxième.

• Son partenaire n'ose pas se plaindre, de peur de pointer une insatisfaction qui pourrait menacer le lien. Le romantique, non confronté au problème du manque de libido, continue comme si de rien n'était. Très souvent, par peur de le perdre, son compagnon cache sa déception ou finit par se résigner. À moins qu'il ne soit également un romantique, auquel cas il a le même fonctionnement.

• Quand il n'y a plus vraiment de sentiment d'individuation au sein du couple, comme un genre de mimétisme, l'un déteint sur l'autre, ce qui éteint le désir.

Sa petite voix intérieure

« Je suis inadéquat, on va me rejeter. »

Mais ces explications simplistes ne permettent pas de réellement comprendre pourquoi il y a extinction du désir sexuel.

En fait, le romantique ne peut tout offrir de lui en même temps, car cela est vécu comme trop dangereux. Dès que le thermomètre s'élève trop, il prend peur, et va, malgré lui, descendre le curseur en fermant le feu de la passion sexuelle. Il n'en a bien sûr pas conscience et ne va pas en faire part. Si on le confronte à ce manque, il rétorquera que : « C'est normal, la sexualité ne fait pas tout. » S'il est imprégné de préceptes religieux, il tiendra des propos moralisateurs. Il peut être extrêmement pudibond, bourré d'inhibitions et expulser sa peur de ne pas être à la hauteur en accusant la sexualité d'être responsable de tous les maux (se référant à la pornographie, au fait que : « Le sexe c'est sale, c'est mal »).

En réalité, sa peur est celle de ne pas plaire, de ne pas être aimable. Si les attentes de son conjoint sont supérieures à ce qu'il peut lui procurer, il risque d'ailleurs de rejeter la faute sur lui avec des formules du type : « Tu exagères, tu dois avoir un problème avec le sexe » ; « Si tu réclames, c'est que tu ne m'aimes pas vraiment, tu ne m'aimes que pour cela. » N'oubliez pas que le clivé romantique est persuadé qu'il n'est pas aimable, donc il le vérifie en accusant l'autre d'être trop demandeur de sexualité et lui victime de n'être qu'un objet sexuel : il a besoin de tester le fait que l'amour de son partenaire soit inconditionnel. Si c'est un homme, il peut aussi développer des symptômes d'impuissance sexuelle, et les mettre sur le compte de l'ennui que lui procure sa partenaire.

La société cautionne les romantiques (il est classique de présenter un profil de mari ou de femme stable, attentionné, mais pas forcément très sexuel). La priorité, c'est la tendresse et la sécurité. Pour beaucoup de couples, la sexualité passe au second plan. Donc les compagnons des romantiques s'accommodent en général de leur manque d'épanouissement sexuel en le mettant sur le compte des contraintes communément affichées de tous : la famille et la logistique, qui empêchent de prendre du temps pour faire l'amour. Autre excuse courante : le temps ou le fait de vivre sous le même toit tueraient le désir. Il est faux de penser que le couple qui dure voit forcément une lassitude sexuelle s'installer. Pour certains, le sentiment de sécurité accroît la capacité à s'abandonner. Tous ces arguments répandus empêchent le romantique de se confronter à ce qui occasionne véritablement le refroidissement sexuel : ce fameux clivage, niché dans sa structure : « Je ne te donnerai pas tout de moi, c'est trop dangereux ! »

> « JE NE TE DONNERAI PAS TOUT DE MOI, C'EST TROP DANGEREUX ! »

Le clivé sexuel

Souvent séduisant, le clivé sexuel est extrêmement attaché à son image ; il aime charmer, y compris dans sa vie professionnelle, et s'entourer d'un tissu relationnel étoffé. Il a une apparence raide et dure, un peu comme s'il portait une armure verrouillée.

Il a fermé son cœur blessé. La seule relation qu'il peut proposer se passe en dessous de la ceinture, car, chez lui, le sexe fonctionne bien, mais pas le cœur. Son seul point de contact avec son corps se fait par le biais de la sexualité. Sa colère initiale, qui ne peut se diriger sur l'autre – car, dans son imaginaire, elle menace le lien – s'exprime dans ce domaine. C'est comme, si en s'affirmant dans la sexualité, le clivé pouvait éviter de se fâcher contre l'autre en affichant ses réels motifs d'insatisfaction. Chez lui, les conflits se règlent sur l'oreiller.

CHEZ LUI, LE SEXE FONCTIONNE BIEN, MAIS PAS LE CŒUR.

La référence la plus parlante pour décrire son comportement est celle de Don Juan : séducteur, manipulateur, habile pour charmer et obtenir les faveurs du sexe opposé. Le clivé sexuel (il peut s'agir aussi bien d'un homme que d'une femme) utilise ses partenaires pour se sentir désirable. Il séduit non pas pour contrôler, mais dans le but d'empêcher toute intimité véritable. Souvent étiqueté comme une personne qui ne veut pas s'engager, c'est l'archétype de celui qui trompe ou utilise ses partenaires comme des objets. Il a du mal à se maintenir dans une relation. Il séduit, puis rejette en premier, dès que la relation prend une tournure sentimentale, qui l'engagerait davantage.

Le clivé peut combler l'autre sexuellement, mais il parle peu de lui-même. Il éprouve une trop grande pudeur pour vivre une intimité vraie. Il utilise la mécanique sexuelle pour être en lien, et se sent mal à l'aise dans la partie émotionnelle ; il lui est difficile voire impossible d'exprimer et de nommer ce qu'il ressent. Sa sexualité est plutôt mécanique, la performance et la puissance sont importantes, mais déconnectées des sentiments.

Au fur et à mesure de la relation...

Au début, il vit des périodes d'intense sexualité. Mais, si la relation prend de l'ampleur, il perd souvent son désir ; il lui faut alors des relations sexuelles avec de nouvelles conquêtes. Il peut rester avec un même partenaire pour des questions de stabilité, mais avoir des relations sexuelles à côté.

Pris de panique sans en avoir conscience, il se raconte qu'il tient à sa liberté et qu'il ne se projetait pas sentimentalement, dès le départ. Il peut être dur et cassant dans ses actes et ses propos, de la même manière qu'il est raide et sévère envers lui-même. Il reconnaît volontiers qu'il est attiré et stimulé par la notion de conquête au début de la rencontre. Mais, malheureusement pour lui et pour ses partenaires, tout cela retombe souvent comme un soufflé. Pourquoi ? Parce que, dans son inconscient, la perspective de l'intimité est associée au rejet primaire de l'enfance. En apparence, la fierté est d'être parfait, sans failles, sans faiblesse et de ne plus jamais laisser quelqu'un le blesser. Il choisira donc de rejeter avant d'être rejeté.

Il lui est très difficile d'aimer un partenaire réunissant le sexe et le cœur en même temps ! Si c'est un homme, il cherchera à se mettre soit avec une sainte, soit avec une putain et, si les deux personnalités coïncident chez sa partenaire, il n'aimera que l'une ou l'autre, et ne pourra faire fusionner les deux. Si c'est une femme, elle aimera soit le poète romantique et le bon père, soit l'idiot viril, animal et sexy. La clivée sexuelle a envie d'explorer sa sexualité sans sentiments et prend un amant lui permettant de s'extraire de son image de sainte-nitouche. Avec l'un, l'attachement tendre, avec l'autre, la sexualité sauvage. Avec l'un, elle joue à la madone, avec l'autre, à la femme sauvage qui s'autorise le plaisir brut et se laisse aller à ses fantasmes. Son jugement interne (« Je suis une bonne personne si je suis raisonnable ») l'écrase et engendre chez elle le besoin de se lâcher.

LE CLIVÉ A LE SYMPTÔME DU CŒUR BRISÉ.

Le clivé a le symptôme du cœur brisé. Au fond, il a une peur inconsciente de ne pas pouvoir aimer et

être aimé. Ayant parfois eu le sentiment d'avoir été utilisé enfant, il contrôle en cherchant à prendre le pouvoir dans la relation, en donnant soit du sexe sans sentiments, soit des sentiments sans sexe. Sauf que la sexualité est l'espace de l'abandon ; le contrôle n'y trouve pas sa place. Le principe même de l'orgasme étant que, si l'on cherche à l'atteindre à tout prix, on ne le trouve pas, alors qu'il vient tout seul si l'on parvient à lâcher prise.

En résumé

Chez le clivé sexuel, la sexualité est liée au système orthosympathique : passion, chaleur, début de relations… Alors que, chez le clivé romantique, c'est l'inverse : le système parasympathique est dominant. Le besoin est à la tendresse et à la confiance pour qu'il y ait sexualité.

Les symptômes physiques

Le clivé est un perfectionniste de l'image. Il soigne son look, veut apparaître comme parfait et n'hésite pas à passer par la case chirurgie esthétique. Il aime l'action et se montre assez amateur de sport, de préférence quand celui-ci améliore l'apparence de son corps, comme la musculation pour les hommes, le yoga ou le Pilates pour les femmes. Il a comme une armure au niveau du cœur : le thorax est comprimé, les muscles sont noueux.

Comment se comporte-t-il ?

La réussite avant tout

Le clivé est focalisé sur l'image qu'il projette à l'extérieur. Il ne se sent digne d'être aimé que s'il réussit. Il est perfectionniste et critique, tant envers lui-même qu'envers les autres. Ce juge tyrannique niché en lui est comme une voix intérieure qui n'a de cesse de l'informer sur ce qui aurait dû être et qui n'a pas été.

Son désir profond

Garder le contrôle, dominer. Les autres doivent se conformer à sa façon de voir.

Il éprouve un fort sentiment de culpabilité lié à la croyance que la réussite permet de se sentir quelqu'un de bien et, surtout, quelqu'un tout court (« Je suis en vie »). C'est un paradigme existentiel : « Je suis, j'existe si je réussis à livrer une bonne image à l'extérieur. »

L'importance du regard extérieur

Le clivé cherche des signes de reconnaissance et confond amour et admiration : « Si on me reconnaît, notamment à travers mes exploits et mes réussites, c'est que l'on m'aime. » Malheureusement pour lui, cela ne va pas de soi. Combien de fois avez-vous été remarqué ou admiré, pour finalement constater que ça s'arrête là ? Ce mécanisme, le fait d'idéaliser les autres en fonction de leur réussite, est le résultat du clivage : « On ne va m'aimer que si je suis à la hauteur de mes attentes. » Il agit donc de même à l'extérieur. Il se compare sans arrêt à des gens soi-disant plus « géniaux », plus « performants que lui. » Il devient alors intransigeant, se blâme et s'autodéprécie.

IL NE SE SENT DIGNE D'ÊTRE AIMÉ QUE S'IL RÉUSSIT.

Il est attiré par le monde de l'avoir, du faire – l'archétype masculin. L'équilibre entre le monde de l'être et de l'avoir n'est plus respecté. L'être, c'est la voie du sentir, de l'intériorité, du féminin archétypal. Pour le clivé, « on est ce que l'on fait », donc « on doit faire plein de choses ». Le but ? Se prouver à soi-même qu'on vaut quelque chose et, quand les autres seront fiers de soi, on pense qu'on aura réglé ce problème de honte d'être inadéquat.

Sur le plan de la relation amoureuse

• C'est un cœur de glace.
• Coupé de la sensibilité, il fait face au conflit par l'argumentation logique, l'indifférence et le mépris.
• En termes de sexualité, chez le clivé romantique, cela aboutit à de la frigidité ou, au mieux, à un manque d'intérêt. Quant au clivé sexuel, il est du genre à ne pas rester auprès de son partenaire après un rapport sexuel, pour aller fumer une cigarette, ou vérifier son téléphone par exemple. Sa phrase fétiche : « Ne prenons pas de risque, on pourrait être rejeté. »

Dans une relation, le clivé a tendance à rejeter l'autre en premier, car sa petite voix intérieure lui dit : « Je ne laisserai plus jamais quelqu'un me blesser. » Il se sent coupé en lui-même entre une orientation uniquement sexuelle ou uniquement tendre. Et il reproduit exactement la même chose à l'extérieur en projetant sur un partenaire amoureux le soit/soit : tu es soit ma femme, soit ma maîtresse. Ainsi, il va s'attacher à des personnes qui ne peuvent pas jouer tous les rôles à la fois. Il ne peut pas envisager qu'à l'intérieur d'une même femme puissent coïncider toutes les facettes qu'on attend d'une relation, comme Ève et Lilith. Il projette son propre clivage sur le sexe opposé.

L'archétype le moins reluisant de ce profil est le macho qui se marie avec une femme, lui fait des enfants et ne peut plus voir en elle qu'une mère, figée dans un rôle de ménagère ordonnée et proprette qu'il idéalise tout en la méprisant, car elle a abandonné l'idée de poursuivre une réussite sociale. À côté de cela, il s'autorise à vivre sa vie sexuelle fantasmatique avec une autre, qui, elle, n'est assignée qu'à un rôle d'amante. Il compartimente pour gérer sa vie amoureuse.

Quelles sont ses blessures ?

Sa blessure

Rejet, cœur meurtri, structure rigide.

Chez le clivé, les blessures de l'enfance remontent autour de l'âge de 4 à 6 ans. Il s'est produit une blessure affective ou un rejet sévère ; le système orthosympathique – cette branche du système nerveux autonome qui nous met en alerte face au danger – a été activé. Mais l'émotion de la colère n'a pu être exprimée pour cause de menace du lien d'attachement. Or, lorsque la colère et la rage restent stockées dans l'organisme à un âge précoce, la charge émotionnelle non évacuée se transforme en figement au niveau du système nerveux.

Cette dérégulation du système nerveux a engendré une identité fondée sur la honte d'être dévalorisé sans réussite, ce qui a accentué ce dérèglement en orthosympathique. D'où l'impression que la personne vit une course effrénée pour plaire et convaincre.

> LE FAÇONNEMENT DU CLIVAGE INTERVIENT COMME STRATÉGIE DE SURVIE.

Le façonnement du clivage intervient alors comme stratégie de survie : « Pour être aimé, je vais fermer mon cœur et plaire énormément » (clivé sexuel), ou bien « Fermer mon sexe et plaire énormément » (clivé romantique).

L'enfant se conforme au désir social du parent

Chez le clivé, le père ou la mère sont eux-mêmes en prise avec l'image du corps, l'apparence, l'importance donnée à la réussite sociale. Nourri de ces valeurs liées à la performance, à l'accomplissement de soi au regard des autres, l'enfant se vit comme méritant ou non méritant selon qu'il répond aux attentes familiales. Il se sent aimé pour son apparence ou ses efforts scolaires. En bref, l'un des parents présente des failles narcissiques et transmet à l'enfant l'idée que, s'il n'atteint pas les sommets de la perfection (physique ou sociale) qu'il lui a fixés, soit il n'est rien, soit cela risque de mal se terminer pour lui.

L'enfant se sent alors obligé de devenir conforme à l'image attendue pour mériter l'amour du parent. Il fait attention à ne pas montrer ses émotions et sort de l'insouciance. Le fait de se contrôler le met sous pression et, lorsqu'elle devient trop forte, le système nerveux se déconnecte et passe dans la zone de figement, car le seuil de tolérance de pression a été dépassé ! Le figement se traduit ici par le mot *freeze* en anglais : c'est comme une sensation de glace, de froid, de paralysie dans tout le corps. On dit aussi que le clivé a un cœur de glace. « Tu veux de l'amour, tu n'en auras pas. » « Tu veux du sexe, tu n'en auras pas. »

Si le clivé revient dans le lien après s'être coupé, il se sentira coupable : « Je ne suis pas la bonne personne pour toi » (il se juge), « J'aimerais tellement être la bonne personne pour toi, mais ce n'est pas possible. » Bien sûr, son partenaire est touché par sa bonne foi et l'expression de sa culpabilité. Mais ce n'est pas pour autant que le clivé arrivera à changer ce mécanisme qui le dépasse. Il imagine que l'autre ne l'aimera pas, ce qui le met dans l'impossibilité de l'aimer. Ou alors, méfiant, il entretient un rapport de test : « Si tu m'aimes, peut-être que je t'aimerai. » L'amour devient un marchandage.

Le clivé alterne entre des phases où il se sent bien avec la personne qu'il aime et des phases où il ressent le besoin de rompre subitement le lien, soit sentimentalement, soit sexuellement, pour éviter l'angoisse. Cette angoisse qui l'amène à des comportements jugés étranges, incohérents, correspond à ses blessures du passé. Ce qui devrait être archivé proprement colore la totalité de son monde virtuel, dans lequel il anticipe le fait d'être blessé dans son futur amoureux. Le clivage est une manière de gérer le danger, mais un danger surinterprété, qui appartient en réalité au passé.

Plus on se livre à l'autre, plus on se révèle, plus on prend le risque de se sentir différent de son partenaire. En le questionnant sur ses manières d'agir, de sentir et de penser, on se rend compte qu'il n'est pas un double, qu'il ne fait pas le même voyage amoureux que soi. Or, dans ce voyage de la différenciation, on se sent très seul à ne pas être semblable. A contrario, en restant en surface, on peut toujours s'imaginer que l'autre sent, pense, voit comme nous. Mais si on a été rejeté pour qui l'on est et adoré pour celui qu'on devenait en réussissant à répondre aux attentes du parent, il sera plus difficile de revenir à son authenticité et à sa profondeur qui, finalement, a été niée.

> LE CLIVAGE EST UNE MANIÈRE DE GÉRER LE DANGER.

Vous êtes un clivé... Que faire ?

Identifiez votre quête profonde

Vous vous êtes reconnu en tant que clivé romantique ? Vous prônez l'amour avec un grand A, la tendresse, l'intégrité, la loyauté, bref, toutes les valeurs hautes en amour. Sachez que, dès que l'on érige une valeur haute, c'est que l'on juge l'inverse comme une valeur basse, avilissante. Pour vous, la sexualité n'est pas l'apogée de la connexion. Mais essayez d'analyser ce qui se cache derrière le fait de la désinvestir. Penchez-vous de plus près sur vos représentations de la sexualité, permettez à votre regard de s'élargir. Renseignez-vous sur la sexualité tantrique, qui inclue la voie mystique, elle peut être un excellent moyen d'apaiser vos blocages.

Son défi

Intégrer le cœur et le sexe en même temps.

Si, au contraire, vous vous êtes reconnu dans le clivé sexuel, vous avez peur de vous embourber dans des relations trop sentimentales. Vous dissimulez votre sensibilité en allant facilement à la sexualité. Alors que la majeure partie de la population considère qu'ouvrir et donner son sexe est la chose la plus impliquante qui soit (ne parle-t-on pas du « temple sacré » ?), en ce qui vous concerne, c'est l'idée de dévoiler des sentiments authentiques qui outrepasse ce que votre pudeur vous permet d'accepter.

Après quoi courez-vous vraiment ?

En tant que clivé sexuel, que donnez-vous véritablement de vous-même en faisant l'amour ? Vous pouvez répéter éperdument les mêmes gestes avec d'innombrables partenaires, et y prendre beaucoup de plaisir au passage, c'est comme un puits sans fond. Car il faut vous poser la question suivante : après quoi courez-vous vraiment ? Prenez le temps de vous arrêter pour répondre à cette question, car, tant que vous ne saurez pas vraiment ce qui vous anime, vous aurez tendance à la compulsion. Vous continuerez à vous vanter de vos exploits sexuels, mais personne n'est dupe : au fond, vous êtes le cœur le plus sensible qui existe, même si vous l'avez barricadé.

C'EST COMME UN PUITS SANS FOND.

Une fois que vous serez en contact avec votre immense mal-être lié aux conséquences de vos traumatismes, vous risquez de ressentir une forme de culpabilité. C'est très exactement cette émotion que vous devez éviter, et non les autres. À cet égard, je vous invite à lire le témoignage de cet homme :
« Je suis beaucoup dans l'intellect et dans l'imaginaire. Ma mère est défaillante, dépressive et anxieuse. J'ai perdu mon père d'un AVC quand j'avais 15 ans. Je me replie sur moi sans avoir pris mon envol. J'ai eu beaucoup de relations que j'ai fuies. Anxiété, névroses, j'ai le sentiment de vivre dans ma tête et d'être incapable d'affronter l'existence, je vis dans le remords. J'ai toujours somatisé, et je me rends compte que mon corps est à bout (tensions dans le dos, diarrhée chronique, douleurs articulaires). Je fume beaucoup. Concernant les femmes, je suis très axé "physique". Je me compare beaucoup aux autres. J'ai toujours envie de fuir,

même sur le plan professionnel… Mon entourage tente de m'aider, mais ça ne me fait pas évoluer. Je deviens asocial, je n'aime pas du tout ce que je deviens. Je me sens prisonnier de mes conditionnements, le monde à l'extérieur de moi m'apparaît toujours dangereux. Je n'ai jamais confiance en l'autre, les femmes me font peur, c'est pourquoi je les aborde par le physique.

Ce sentiment de culpabilité, ce jugement extrêmement sévère, cette impression d'être une mauvaise personne, inadéquate fait partie de vos symptômes et ne vous permettra pas de changer, au contraire.

En finir avec le diktat de la perfection

Que vous soyez clivé sexuel ou romantique, essayez d'éradiquer ce désir d'être parfait. Pas simple, certes, car chez vous c'est devenu un automatisme. Apprenez à transformer le « je dois tout faire pour réussir, séduire et plaire » en « je dois tout faire pour me plaire et me donner le droit de ne pas réussir ». C'est de cette façon que vous apprendrez à exister réellement et à sentir que vous méritez l'amour. Ainsi, plutôt que de vouloir à tout prix plaire aux autres, apprenez à vous accepter dans votre totalité. Cela veut aussi dire apprivoiser vos zones de vulnérabilité et vos propres limites – car nous en avons tous.

Le fait de ne plus donner de force au regard des autres (vous n'agissez pas pour l'autre, ni pour être reconnu, ni pour être aimé) vous apprendra à développer ce qu'on appelle « l'amant intérieur ». Cela vous permettra de chasser votre croyance : « Je ne suis pas aimable si je ne suis pas parfait. » Osez montrer vos zones de faiblesse à la personne que vous avez choisie, parce que c'est là où le clivé va se couper. Si le défi est trop dur à relever, commencez peut-être par ôter votre masque avec des personnes moins importantes, ou en tout cas avec qui vous posez moins d'enjeux, pour vous entraîner. Ouvrez votre sensibilité, exprimez vos terres intimes et, quand vous serez rassuré, faites-le avec vos proches. À chaque fois, ce sera une petite victoire sur un danger qui n'existe plus, et vous pourrez le vérifier au fur et à mesure. Si l'on vous blesse à nouveau, souvenez-vous que vous avez grandi et que vous disposez désormais d'un équipement pour mieux gérer.

APPRENEZ À VOUS ACCEPTER DANS VOTRE TOTALITÉ.

Identifiez votre blessure

Essayez d'identifier ce qui a fait de vous un cœur écorché, et de remonter loin, s'il le faut, à la blessure de rejet primaire. Avez-vous été critiqué sévèrement ? Aviez-vous le sentiment de ne jamais être à la hauteur ? Si tel a été le cas, vous êtes devenu sensible à la critique, pour peu qu'un être sur qui vous avez jeté votre dévolu vous rabaisse. Vous prenez les choses personnellement et trop à cœur.

Essayez de changer votre regard, rappelez-vous que les critiques non constructives impliquent celui qui les émet et ont pour origine ses besoins insatisfaits, sa vision du monde. Prendre tout personnellement ravive la blessure narcissique. Apprenez à vous en dégager, à laisser à autrui ce qui lui appartient. Lorsque vous n'aurez plus peur d'être une mauvaise personne, vous pourrez offrir la totalité de ce que vous êtes au lieu de cliver le cœur ou le sexe.

Apprenez à identifier votre moi jacasseur. Il n'a de cesse de parlementer à l'intérieur de vous, comme une petite voix incessante : « Je devrais, je ne devrais pas, il faudrait… » Essayez de compter le nombre de jugements qu'il opère sur vous chaque jour, vous vous entraînerez ainsi à le débusquer. C'est une première étape pour prendre conscience de votre sévérité envers vous-même. Forcez-vous à arrêter de vous juger aussi sévèrement, et interrogez-vous sur cette quête effrénée de perfection. Est-ce qu'elle ne concerne que les apparences ? Que cherchez-vous à améliorer qui vaille objectivement la peine de vous pencher dessus ? Tant que vous continuerez à croire que vous devez être parfait parce que vous ne pouvez être aimé autrement, vous resterez fixé sur votre peur d'être rejeté et vous ne parviendrez qu'à donner une petite miette de vous à l'autre, qui continuera de vous percevoir comme un chevalier du Moyen Âge, paré de sa plus belle armure de protection.

Réapprivoisez la colère

Vous avez dû réprimer fortement votre colère pour plaire ou convenir à un parent exigeant, ou encore l'imiter. À l'âge adulte, cette émotion de base n'est plus clairement à sa place dans votre palette émotionnelle. Vous avez peur d'être violent si vous l'exprimez et, du coup, elle sort en colère froide et sèche. La récupérer est pourtant un travail nécessaire. Comment faire ?

Imaginez que vous êtes un lion et que vous ressentez la joie de rugir, de mordre, de bondir. Sentir toutes ces sensations vous permet de vous reconnecter avec la réponse d'attaque, et par là même à la jubilation du retour à la colère, la colère comme vecteur d'affirmation saine. Il ne s'agit pas de projeter votre rugissement sur une véritable personne, ni de régler vos comptes avec votre famille d'origine, ce qui pourrait être fâcheux en termes de conséquences, mais de faire revenir une réponse bloquée, perdue, celle de la riposte qui permet d'oser l'expression de soi.

Ce n'est pas toujours de la faute de l'autre, ni de la vôtre...

Si vous vous reconnaissez dans le profil du clivé, la première chose à faire est de prendre conscience que, si vous avez du mal à maintenir des relations amoureuses stables, ce n'est pas forcément de la faute de votre partenaire. Ce n'est pas facile à admettre, mais c'est pourtant la première étape.

Son formatage

Se couper du cœur ou du sexe pour être aimé.

Votre angoisse du rejet y est pour beaucoup.

Cessez d'imaginer qu'à chaque fois, on vous fait miroiter la lune. Que, au bout du compte, la personne vous cache sa véritable personnalité, qui n'a rien à voir avec l'habillage du début. Que vous vous faites avoir. Vous trouvez cela compliqué ? C'est normal, car vous avez érigé un système de défense basé sur la dépréciation de l'autre. Dès que le vent tourne, vous avez tendance à remettre la faute sur lui. Bien sûr, les zones d'ombre du partenaire se dévoilent souvent sur le long terme, mais, si vous y réfléchissez bien, vous avez eu les informations dès le départ, mais n'avez pas su les écouter. Vous cherchez à recenser avec votre entourage tous les aspects négatifs de la relation afin de la tenir à une distance raisonnable.

Placer tous les torts sur l'autre vous permet de sortir du lien et de recommencer à zéro ailleurs, là où c'est plus facile. En vous focalisant sur les défauts de votre partenaire, vous ne parlez pas de ce qui vous affecte vous. Il s'agit d'un mécanisme de déni et de projection : moins je vois ce qui ne va pas chez moi, plus je projette sur l'autre. N'oubliez pas que pour ces traumatismes du développement, l'aspect physiologique précède la construction psychique : vous avez commencé par ressentir, sans pouvoir mettre de mots, le fait de pas avoir été accepté, encouragé, soutenu pour ce que vous étiez. Or la haine et la rage, qui auraient été la réponse appropriée pour réguler le système nerveux, ont été bloquées. Par peur de rompre définitivement le lien avec vos parents, vous n'avez pas pu les exprimer.

Mais cette rage est toujours dans l'organisme, et sans la projeter sur quiconque aujourd'hui en tant qu'adulte, il faut trouver le moyen de vous y reconnecter, au lieu de vous couper de cette émotion. Car, en la bloquant, vous bloquez toutes celles, plus positives et sincères, qui vont avec, et vous donnez l'impression à ceux qui sont en relation avec vous de ne pas livrer grand-chose de vous-même. En effet, vous substituez à vos émotions authentiques des émotions écrans : par exemple, votre rage interne apparaît à votre entourage sous le visage de la tristesse ou de la peur. Ou encore, lorsque vous parlez à votre entourage d'une situation qui vous a blessé ou marqué, vous filtrez vos émotions en décrivant froidement les faits, comme si vous rédigiez un procès-verbal, sans exprimer vos émotions. Résultat : votre discours sonne faux, il n'est pas vivant, et l'attention de votre entourage décroche.

VOUS SUBSTITUEZ À VOS ÉMOTIONS AUTHENTIQUES DES ÉMOTIONS ÉCRANS.

Pour aller plus loin... Quelles thérapies ?

Faire un travail de thérapie pour vous réapproprier l'émotion de la colère peut se révéler utile, car cette colère est l'émotion de base que l'enfant que vous étiez a réprimée pour plaire et convenir à un parent exigeant ou l'imiter.

Vous aurez plutôt tendance à vous orienter vers les thérapies psychocorporelles. Mais le mieux serait d'orienter votre choix vers une thérapie spécifique, en relation avec votre blessure de rejet. Ce qui vous aiderait le plus, ce serait un véritable travail sur la connaissance de soi, comme la psychanalyse. Lire et suivre des enseignements en philosophie ou en spiritualité sur la profondeur de l'être vous permettrait de vous relier à votre monde intérieur, au lieu de partir systématiquement vers le monde extérieur, où vous vous perdez.

Vous êtes en couple avec un clivé

Commencez par comprendre que ce que votre partenaire désire le plus est ce qu'il craint le plus. Pour le clivé sexuel, l'envie d'être aimé est couplée à la peur d'être rejeté, il utilise la sexualité pour ne pas avoir le cœur brisé. Le clivé romantique, lui, utilise le cœur et évite la sexualité pour cacher la peur d'être rejeté en étant sexuel, incarné. Au fond de ces deux types de clivés se cache cette même croyance : « Je ne suis pas à la hauteur, car il y a quelque chose qui ne va pas chez moi, donc je ne peux être aimé pour qui je suis. »

Ne le prenez pas personnellement

La réaction piège consiste à faire un raccourci : « Il ne m'aime pas dès lors qu'il ferme son sexe ou son cœur. » Ce n'est pas qu'il n'aime pas, c'est qu'il est un handicapé de l'amour. Il a comme une patte blessée, il ne peut pas investir la totalité de lui-même. Il est obligé de se couper d'une partie de lui. Il ne peut s'aimer et aimer qu'à moitié, tant qu'il n'a pas pris conscience qu'il est clivé. Au fond de lui se joue sans cesse le conflit suivant : « J'ai besoin d'être aimé pour qui je suis mais j'en ai peur, alors je te rejette. »

Le clivage en est la résultante, la piste serait de restaurer cette croyance de base camouflée sous une apparente posture de réussite, un masque qui se porte comme une deuxième peau.

Mais vous ne pouvez pas faire ce chemin à la place de votre partenaire. Commencez par respecter ce mécanisme du clivage qui le parasite (et vous avec), mais qui est sa manière de s'être protégé enfant. S'il peut en parler avec vous, c'est que vous êtes déjà parvenu à une forme d'alliance, il peut se confier sans être rejeté. Cela ne changera pas forcément ses inscriptions, mais vous aurez plus de chances de le voir se mettre en lien avec vous.

Votre défi consiste à aider le clivé à comprendre que son traumatisme se niche dans le passé, que son sentiment d'abandon ou de rejet appartient au passé, et qu'aujourd'hui, vous n'avez pas l'intention de le rejeter ni de le blesser.

Comprenez son mécanisme

Il ne faut pas oublier que le phénomène du clivage est en lien avec la dissociation, la réponse qui apparaît juste après le figement chez l'enfant. Le figement, on l'a vu pour les frileux (voir p. 36), est le troisième réflexe du cerveau reptilien, quand la réponse de fuite ou d'attaque n'a pas fonctionné dans l'enfance.

> VOTRE DÉFI CONSISTE À AIDER LE CLIVÉ À COMPRENDRE QUE SON TRAUMATISME SE NICHE DANS LE PASSÉ.

Cette dérégulation du système nerveux, très douloureuse, crée une distorsion du sentiment du moi. Cette douleur est physique, le bébé a mal mais ne peut identifier sa souffrance, ni la conceptualiser, ni la digérer. Si on m'a rejeté, ou si on ne m'a pas donné l'amour et le soutien dont j'avais besoin, alors je vais interpréter très vite la réalité de ce monde à ma manière, avec les moyens à ma disposition, ce qui crée de la distorsion cognitive. Le danger est perçu comme venant de l'extérieur (ce qui est faux, car à l'âge adulte, le danger de mort est largement plus maîtrisé, et rarement existant), donc la seule façon de me protéger est de cliver. J'ai un cœur meurtri, je ne veux pas que cela recommence.

Je donnerai mon cœur et pas mon sexe, ou mon sexe et pas mon cœur.

Le frileux partage ce mécanisme de la coupure, mais il évite davantage le lien que le clivé qui, au contraire, a envie d'aller dans la relation et s'y installe, car il cherche l'amour et n'y a pas renoncé, même si cela se traduit de manière chaotique.

Alors, comment aider le clivé à restaurer la croyance : « Je suis digne d'être aimé » ?

Gagnez sa confiance

Ne vous évertuez pas à lui expliquer qu'il est clivé, qu'il a intérêt à se montrer moins dur. Ce n'est pas ainsi que vous obtiendrez un changement. Prenez-le à l'endroit où il est et amenez-le à parler de son cœur brisé, de ses craintes, de ses aspirations. Il faut qu'il vous fasse confiance, et la confiance s'établit avec du non-jugement, de la compréhension. Déjà, vous avez compris comment il est construit ! Apprenez à anticiper et à ne pas prendre personnellement ses comportements parfois étranges.

AMENEZ-LE À PARLER DE SON CŒUR BRISÉ, DE SES CRAINTES, DE SES ASPIRATIONS.

Changez de rôle

Si vous êtes avec un homme clivé, vous pouvez essayer de vous amuser à passer d'un rôle à un autre, de la sainte à la prostituée, en passant par la fille facile et allumeuse puis à la romantique, ou au contraire à la femme fatale. Bref ! Ces petits jeux l'aideront à circuler dans tous les rôles sans s'attacher à l'un d'entre eux. C'est l'expérience qui augmente la flexibilité.

N'exigez pas de changement

Si vous êtes attaché à un clivé, soyez conscient que réclamer quelques miettes de son amour est contre-productif. Ce n'est pas en exigeant un changement de sa part que vous allez l'aider, bien au contraire. La bonne attitude consiste plutôt à manifester le moins d'attentes possible. Évitez d'exiger un engagement sécurisant en vous plaignant qu'il n'est pas comme les autres. Apprenez à le laisser venir et repartir sans demander des comptes, c'est de cette manière qu'il se sentira rassuré et finira peut-être par s'engager.

Si vous n'êtes pas assez stable ou si vous êtes dépendant affectif, on ne peut que vous suggérer de partir ! Votre souffrance vous amènera inéluctablement à être en demande, et vous risquez de vous faire rejeter froidement, car, de son côté, cela augmentera sa peur de ne pas être accepté.

Quand la crise survient

Dans les moments de crise, l'attitude du clivé sexuel consiste à barricader encore davantage la porte de son cœur et à vous faire culpabiliser : c'est à cause de vous qu'on en est là.

Il ne lui faut pas grand-chose pour se sentir rejeté. Il a du mal à se remettre en question. En général, il évite de se poser cinquante questions et se fabrique des plans B, en cherchant notamment à séduire à l'extérieur du couple. « S'il ne peut me prendre comme je suis, j'irai voir ailleurs ! » se dit le clivé. Et le monde fourmille de personnes à charmer... Convaincu d'avoir raison, il ne fait pas souvent le premier pas et boude facilement. On l'appelle aussi « la structure rigide », parce qu'il manque de souplesse et de diplomatie dans le lien.

Le clivé romantique, lui, va faire jouer la morale. Il a raison et s'appuie sur les normes judéo-chrétiennes. « L'amour pur est incomparable, regarde tout ce que je te donne ! La sexualité n'est pas au centre de notre amour, voyons ! » Sachez vous montrer indépendant et stable à la fois.

En résumé, en cas de crise, attendez-vous à ce que le clivé clive encore et toujours plus. Comment réagir face à cela ? Il faut tenter, autant que possible, de rester stable et de laisser votre partenaire emprunter toutes ses portes de sorties sans réagir, comme un tronc d'arbre qui demeure enraciné quand bien même quelques branches viendraient à être arrachées durant une tempête. Vous devez également parvenir à trouver d'autres ressources solides en dehors de votre couple pour vous sentir soutenu en cas de crise, en vous concentrant sur quelque chose qui vous tient à cœur. Évitez de tout miser sur lui – le fameux « Tu es tout pour moi, je suis tout pour toi » pourrait vous jouer des tours.

N'essayez en aucun cas de réagir comme lui, travaillez sur votre ancrage et votre sécurité intérieure. En bref, sachez vous montrer indépendant et stable à la fois. C'est ainsi qu'il vous reviendra, une fois la crise passée.

COMPATIBLE

Avec quels profils est-il compatible ?

Le clivé et le frileux

La fragilité des liens tissés et l'hypersensibilité sont des traits qu'ils ont en commun. Ils seront vite amenés à interpréter l'autre comme une menace et à s'extraire de la relation, tels des escargots qui rentrent dans leur coquille. Ils auront donc tendance à s'éloigner l'un de l'autre assez rapidement. Comme le frileux, le clivé possède des strates de figement en lui, même si ses blessures sont apparues plus tardivement dans l'enfance. Il génère de la coupure, surtout sur le plan de la relation amoureuse et sexuelle.

Le clivé et l'altruiste

L'altruiste est inexorablement attiré par le clivé ! Celui-ci possède une énergie puissante qui l'aimante, lui qui manque d'affirmation. L'altruiste est davantage empathique, moins rigide. Au début de la relation, tout va bien. Le coup de foudre peut même être au rendez-vous. Fasciné par le clivé, l'altruiste se laisse séduire, il pressent la fragilité sous l'apparence admirable.

Et celui qui est connu pour « aimer trop » va se plonger à corps perdu dans la relation, sans se méfier. Il pense que tout le monde est bienveillant, que, s'il y a de l'amour, on ne se fait pas de mal. Dans son univers, on sait communiquer, exprimer les émotions et il n'y a pas de raison pour que l'autre ne fasse pas de même. Sauf que ce n'est pas le même univers !

L'altruiste a du mal à « défusionner » et se perd bien souvent, contrairement au clivé, pour qui le fait de rester dans un lien enveloppant est source de souffrance. Lorsque l'altruiste réclame davantage de densité dans le lien, plus d'engagement sentimental, le clivé risque de couper brutalement, en particulier pour le profil sexuel. Si l'altruiste cherche la fusion dans les rapports sexuels, il risque bien de se casser les dents : le clivé sexuel peut être très doué dans l'art et la manière de faire l'amour, mais il ne personnalise pas, il donne ce qu'il donne à tous les autres, même si l'altruiste peut croire le contraire. Le clivé romantique sera moins une source de souffrances pour l'altruiste, qui parviendra facilement à admettre que le désir n'est plus au rendez-vous, et composera avec, car pour lui, l'affectif passe au premier plan.

Le clivé et le dominant

Ils s'attirent au niveau de l'apparence, de l'assurance et de leur goût pour l'esthétique. Le dominant peut avoir envie de prendre le clivé au charme fragile sous son aile protectrice. Mais ce dernier va vite refroidir le dominant, avec ses allers et retours inintelligibles pour quelqu'un qui n'a pas les codes.

Le clivé a une armure verrouillée, comme les dominants, mais sa blessure à lui n'est pas la trahison mais le rejet. Le clivé, qui se coupe ou retire son épingle du jeu, va générer une angoisse de trahison chez le dominant. La relation risque donc de ne pas durer très longtemps.

Le clivé et le planqué

Ce sont des profils qui peuvent fonctionner ensemble, autour des thèmes de la réussite et du passage en force.

Le planqué s'engage assez facilement. Il veut réussir son couple, un objectif parmi d'autres. Le clivé, lui, veut plutôt tester l'amour, être aimé pour ce qu'il est.

Il pourra faire couple, mais sans véritable intimité sexuelle ou sentimentale. Le planqué peut être déstabilisé par la force du désinvestissement sexuel que manifeste le romantique ou par la déconnexion du lien dû à la fermeture du cœur du type sexuel, c'est incompréhensible si on ne détient pas les clés de ce mécanisme.

Soit le planqué s'adapte, soit il choisit de partir, s'il sent que ce que lui donne le clivé est insuffisant. Il peut aussi, s'il est assez indépendant, le prendre tel qu'il est, ne pas lui demander d'être différent, vivre sa vie amoureuse avec lui et d'autres, pour ne pas dépendre, ou se satisfaire de lui en ayant d'autres passions qui lui permettront de s'épanouir en dehors du couple.

Si le planqué a suffisamment de patience, il pourra apprivoiser le clivé, pour que l'armure de glace tombe et que son partenaire puisse intégrer l'amour et la sexualité.

Le clivé et le clivé

Pourquoi pas ? Les profils similaires ont l'avantage de se comprendre. Les valeurs sont identiques. Par exemple, tous deux sont attachés à leur sacro-sainte liberté et n'aiment pas se sentir contrôlés ou fliqués par l'autre. Ils supportent encore moins une demande de changement, vécue comme une exigence. Avec eux, le « ou tu changes, ou je te quitte » ne marche pas. Rigide, le clivé est persuadé d'être dans son bon droit et rejette le premier.

Ils peuvent partager des espaces en commun, l'éducation des enfants, des activités, la logistique du quotidien, mais un peu comme une forme d'arrangement : l'intimité totale et la profondeur ne sont pas au rendez-vous, et ça leur va très bien comme ça.

Pour récapituler

CERNEZ VOTRE PROFIL
GRÂCE À CE TABLEAU SYNTHÉTIQUE
ET OUVREZ-VOUS À L'AMOUR...

	Le frileux	L'altruiste
La compétence à développer	Rester en contact dans la relation amoureuse.	S'aimer soi-même avant de partir dans la relation.
Sa peur de base	Être exclu.	Être abandonné.
Ce qu'il dit	Je préfère rester seul.	Je ferai tout pour toi.
Ce qu'il se dit	Je n'ai rien à faire dans la relation.	Je ne suis pas aimable.
Sa compulsion de base	Se retirer du lien, s'isoler.	Ne pas prendre en compte ses besoins et s'occuper de l'autre à la place.
Ce qu'il doit intégrer	Il a sa place sur Terre, il mérite d'être aimé.	Passer du mendiant de l'amour à l'empereur.
Ce qu'il faut éviter de faire avec lui	Lui mettre la pression pour qu'il reste dans le lien.	Entrer dans son système : « Je suis tout pour toi, tu es tout pour moi. »
Ce qu'il faut faire	L'apprivoiser comme un chat sauvage.	L'aider à s'aimer, à se passionner pour sa propre vie.

L'alpha	Le planqué	Le clivé
Reconnaître sa vulnérabilité.	Faire référence à soi : dire un vrai non et un vrai oui.	Intégrer le cœur et le sexe en même temps.
Être faible, faillir.	Se faire rejeter s'il ne se conforme pas aux attentes de l'autre.	Ne pas être accepté tel qu'il est.
Ne plus jamais être dépendant !	Je vais tout supporter, et je vais résoudre les problèmes.	Je vais être rejeté si je donne tout.
J'assure, je vais te protéger, toi et les enfants.	Je dois faire ce que l'on attend, sinon je serai rejeté, tu ne m'auras pas, toi !	Je te promets, notre projet sera merveilleux !
Devoir être fort et puissant	Dire oui par-devant et non par en dessous	Je te donne mon cœur et pas mon sexe ou l'inverse
Faire confiance, demander de l'aide.	Avoir le droit d'être soi-même face à l'autre.	Il n'y a pas de danger à s'abandonner dans la relation.
Le trahir.	Lui imposer votre point de vue.	Lui reprocher de ne pas vraiment tout donner.
Lui faire toucher sa vulnérabilité derrière sa force apparente.	L'aider à alléger la pression qu'il se met, à sentir ce qu'il veut au fond.	Rester stable, en lien avec lui-même quand il se coupe d'une partie.

Nous avons exploré quelques-uns des étranges animaux qui peuplent le nouveau monde amoureux contemporain. Nous espérons que ce voyage dans ces terres souvent inexplorées qui invitent à contacter l'autre dans sa fragilité et sa vulnérabilité vous aura donné un goût renouvelé de la rencontre de l'autre dans sa singulière altérité.

Aller au-delà de ses propres blessures permet de rencontrer l'autre par-delà ses carapaces, de le rencontrer et de se rencontrer à l'endroit où se conjuguent son plus grand désir et sa peur la plus profonde.

C'est ce qu'exprime Marianne Williamson dans son magnifique ouvrage, *Un retour à l'Amour – Manuel de psychothérapie spirituelle : lâcher prise, pardonner, aimer* (éditions J'ai Lu, Paris, 2010).

« Notre peur la plus profonde
n'est pas que nous ne soyons pas à la hauteur.

Notre peur la plus profonde est que nous sommes puissants au-delà de toutes limites.

C'est notre propre lumière et non notre obscurité qui nous effraie le plus.

Nous nous posons la question...
Qui suis-je, moi, pour être brillant,
radieux, talentueux et merveilleux ?

En fait, qui êtes-vous pour ne pas l'être ?
Vous êtes un enfant de Dieu.

Vous restreindre, vivre petit,
ne rend pas service au monde.

L'illumination n'est pas de vous rétrécir
pour éviter d'insécuriser les autres.

Nous sommes tous appelés à briller, comme les enfants le font.

Nous sommes nés pour rendre manifeste
la gloire de Dieu qui est en nous.

Elle ne se trouve pas seulement chez quelques élus,
elle est en chacun de nous,

Et, au fur et à mesure que nous laissons briller
notre propre lumière,
nous donnons inconsciemment aux autres
la permission de faire de même.
En nous libérant de notre propre peur,
notre puissance libère automatiquement les autres. »

Comme nous l'avons vu tout au long de ce guide, nous sommes prisonniers de nos scénarios de survie, de nos programmes, que l'on appelle aussi « conditionnements ».

Ces profils ne sont en aucun cas des réductions de ce que nous sommes. Il ne s'agit pas de s'enfermer dans l'un de ces rôles en se disant : « Moi, je suis un planqué ou un frileux », mais de reconnaître ces typologies comme des rôles archétypaux, des costumes que nous adoptons comme des automatismes, selon nos histoires et nos accidents de parcours, pour nous sécuriser et compenser les peurs de l'enfance que nous n'avons pas dépassées.

Lorsque le traumatisme est très précoce, par exemple, quand il suscite le développement d'un mode de survie de type frileux, il n'est pas rare que l'on développe ensuite d'autres modes de survie, comme celui du dominant. Il est donc naturel de se reconnaître dans plusieurs de ces profils. Vous ne pouvez et ne devez en aucun cas vous réduire ou réduire votre partenaire à l'un d'entre eux, mais plutôt les considérer comme des grilles de lecture d'enchaînements comportementaux, de trames scénaristiques dans lesquelles, vous comme l'autre, avez pu vous laisser prendre. « Tiens, je reconnais qu'il vient d'adopter son mode frileux lorsqu'il regarde avec condescendance ce couple qui se dispute. » Ou « Tiens, je viens d'endosser mon costume de clivé, je suis en train de perdre du désir sexuel lorsque je sens que la relation devient plus intime. »

Sommes-nous alors condamnés à rester, pour toujours, le jouet de nos programmations ? Eh bien, non ! La bonne nouvelle, c'est que notre cerveau possède une capacité extraordinaire, appelée « plasticité neuronale » ou « neuroplasticité ». Il a été démontré que ses cellules peuvent non seulement se transformer pour s'adapter à des changements, mais également qu'elles se régénèrent continuellement. L'hypothalamus, une des zones qui intervient dans la gestion des émotions, est donc parfaitement capable, lui aussi, de transformer ses cellules ou d'en produire de nouvelles.

On sait aujourd'hui que seules les expériences concrètes inversent le chemin des autoroutes neuronales prises par nos croyances. Expérimenter l'inverse de la petite voix intérieure que dicte chaque profil va créer d'autres autoroutes dans notre cerveau, et organiser progressivement le changement.

Lorsque nous parvenons à décoller des inscriptions scénaristiques de l'enfance et à les remanier avec un regard d'adulte, nous prenons dans nos bras notre enfant intérieur, meurtri et vulnérable. C'est un bon moyen d'embrasser notre puissance d'être – qui nous sommes réellement. Et c'est au fond notre plus grand désir : oser tout simplement être ce que nous sommes.

Nous ne voyons pas le monde tel qu'il est. Nous le voyons tel que nous sommes. Nous projetons tous quelque chose, avec les lunettes déformantes propres à notre personnalité. Évidemment, chacun sa paire de lunettes, et c'est la raison pour laquelle jugements, reproches, incompréhensions et intolérances apparaissent au sein du couple.

En prenant conscience de notre profil, nous parvenons à repérer nos automatismes et à faire le lien avec nos blessures du passé. Puis, progressivement, nous commençons à percevoir la réalité à partir de notre moi d'adulte et non plus de notre moi d'enfant.

La différence, c'est que nous allons vraiment réaliser que nous pouvons gérer la perte du lien puisque nous ne sommes plus un être dépendant de nos parents. Et si nous ne sommes plus imprégnés par la peur de perdre notre objet d'amour, nous devenons beaucoup plus libres d'être nous-mêmes. Nous cessons d'être des mendiants de l'amour, un des symptômes de la dépendance affective, ou nous nous dégelons au contact de l'amour plutôt que de fuir en courant. Nous devenons des empereurs, que nous traversions la joie ou la tristesse, la colère ou l'impuissance, la contraction ou l'expansion...

Qu'est-ce qui nous permet de vivre notre expérience à partir de la position d'empereur plutôt que de celle du mendiant ? C'est notre rapport à l'expérience. Le contenu de l'expérience, de la situation de l'émotion qui est vécue, ne change pas, mais notre relation à ce contenu est modifiée. La culpabilité nous traverse, par exemple, mais nous ne nous sentons pas fondamentalement coupables, nous ne sommes pas débordés par l'émotion, nous la reconnaissons comme nécessaire au regard de notre histoire, de nos expériences passées et des partenaires que nous rencontrons. En la reconnaissant comme nécessaire par rapport à notre chemin de vie, en accueillant le fait que ces modes de survie mis en place ne sont pas nos ennemis, mais des parts de nous qui nous ont permis de survivre à une époque où nous n'avions aucun autre choix, nous pouvons les aimer, les intégrer en nous, au lieu de les combattre.

En un sens, nous commençons à habiter entièrement tous nos personnages intérieurs au lieu de nous identifier alternativement à l'un puis à l'autre et de mener une guerre intérieure que nous ne pouvons que perdre. Dans l'empereur, nous devenons l'ensemble de nos visages, et nous reconnaissons la place que chacune de nos émotions, chacune de nos tendances occupe dans une totalité qui fait sens. C'était l'enseignement de Spinoza : reconnaître que ce qui est nécessaire me libère de la haine de moi et de l'autre, et me reconnecte progressivement à la joie, quelle que soit l'expérience que je traverse.

Lorsque nous nous libérons de toutes les perspectives tronquées des différents profils qui nous possèdent, nous commençons à développer une perception de la réalité plus objective et libre de réactivité. Nous nous rapprochons de notre véritable absolu, notre désir d'aimer et d'être aimé. Nous comprenons que le bonheur de l'autre fait notre bonheur, et que notre bonheur fait celui d'autrui.

Plus nous voyons le monde de manière objective, plus nous vivons dans notre corps, et plus nous vivons le moment présent. Inversement, plus nous vivons le monde à travers nos identifications et anciennes relations d'objets, et moins nous vivons dans notre corps au présent.

En effet, le corps est le lieu de la présence à la réalité. Lorsque je suis dans les pensées, dans mes regrets ou dans mes projections, je déserte le corps, j'habite dans un champ uniquement mental ou imaginaire, mais je ne suis pas là. Lorsque nous, thérapeutes, travaillons à l'intégration de toutes ces mille et une facettes qui souvent se contredisent, nous utilisons des techniques d'ancrage dans le corps pour permettre à la personne de l'éprouver de manière agréable, par la porte du plaisir et du bien-être. Rappelons qu'il n'est pas possible de forcer quelqu'un à revenir dans son corps, lorsque celui-ci a été éprouvé comme un lieu de souffrance et de douleur (en particulier pour les profils frileux, qui sont les plus déconnectés). Il est alors judicieux d'encourager la personne à s'orienter sur ses ressources pour qu'elle puisse progressivement faire une expérience positive et réparatrice de ses ressentis corporels et de ses émotions.

Même s'il n'est pas toujours nécessaire, le travail thérapeutique est une voie qui permet progressivement de réparer nos traumatismes développemen-

taux, et de restaurer une perception de soi, des autres et du monde extérieur libre des distorsions que nous avions développées pour survivre à l'insupportable. Ce travail ne se réalise bien entendu pas en une, deux ou trois séances. Il nécessite une véritable démarche de fond, qui peut néanmoins se réaliser avec efficience sur quelques années. Nul besoin de partir en psychanalyse pendant vingt ans !

Nous garderons probablement toujours dans notre structure psychologique des traces, des réminiscences de ces expériences, mais nous n'en serons plus les victimes, car nous aurons développé une forme de distance par rapport à ces profils. À terme, la vie deviendra beaucoup plus facile. Vous aurez de plus grandes chances d'élargir l'éventail des partenaires amoureux susceptibles de vous convenir, et de plus grandes chances d'accepter votre partenaire dans sa singularité. Au fur et à mesure que vous développerez votre capacité à la résilience, vous élargirez le spectre des personnes avec lesquelles vous vous sentirez en mesure de partager une intimité affective et sexuelle confortable, voire épanouissante, et parviendrez, de la même manière, à élargir votre champ de tolérance et d'empathie envers la personne qui partage votre vie.

Les grandes traditions spirituelles nous parlent des différents niveaux de l'amour. Dans notre tradition occidentale héritée de la culture grecque, il y avait trois niveaux d'amour, définis par trois termes de grec ancien différents, trois nuances philosophiques du concept d'amour :

- *Éros* : l'amour naturel, la concupiscence, le plaisir corporel.
- *Philia* : l'amitié, l'amour bienveillant, le plaisir de la compagnie.
- *Agapê* : l'amour désintéressé, divin, universel, inconditionné.

Il est possible de lire ces trois notions de l'amour de manière progressive et inclusive. Ainsi, lorsque notre personnalité porte en elle des blessures encore importantes, nous nous sentons en demande perpétuelle, en manque d'amour et sommes incapables d'être dans l'accueil de l'autre. Nos relations d'amour sont comme des transactions commerciales : je te donne si tu me donnes. Nous n'avons accès qu'à la pulsion sexuelle, à l'éros. Progressivement, nous arrivons à développer une capacité plus ouverte à l'accueil de l'autre, et nous accédons à un amour sincère et réciproque. Nous nous donnons mutuellement l'un à l'autre avec une forme de confiance dans le lien humain. Nous ne perdons pas notre compétence à l'éros, mais notre éventail de relations possibles s'agrandit. Enfin, dans un dernier temps, comme une asymptote à laquelle accèdent – peut-être – les saints et les héros, s'ouvre à nous l'amour inconditionnel divin, christique, un amour qui est pure joie de ce que nous sommes dans notre authenticité, avec nos ombres et nos lumières, sans plus faire problème de ce que nous sommes ou de ce qu'est l'autre : c'est *agapê*. Et celui-ci intègre en son sein les dimensions éros et *philia*. En un sens, c'est l'amour tantrique, lorsque tous les centres énergétiques de l'être sont ouverts, permettant de circuler harmonieusement de la terre au ciel, et du ciel à la terre, de la sexualité la plus instinctuelle au don d'amour le plus désintéressé, et inversement.

Je deviens alors pleinement ce que je suis.

Ainsi, au fur et à mesure que nous développons notre fourchette de résilience, nous pouvons nous ouvrir à un amour de moins en moins conditionné : notre cœur peut rester ouvert à l'autre, alors même que, quelques années plus tôt, nous ne voyions pas les mécanismes de défense que nous mettions en place pour nous protéger de lui.

Nous prenons progressivement conscience qu'il n'y a aucun problème à l'extérieur, que les défauts que nous voyons chez les autres nous renvoient à nos propres peurs et besoins inassouvis. Lorsque nous nous réapproprions ce qui nous appartient et que nous cessons de projeter sur le présent ou le futur ce qui appartient à un passé révolu, nous pouvons revenir au présent et reconnaître l'autre dans sa singularité.

Le passage de *éros* à *agapê* est l'histoire de ce retour de la demande d'amour au don d'amour, de l'expérience du manque à celle de la plénitude. Je suis le seul à avoir le pouvoir d'aimer, je suis le seul qui soit en mesure de se laisser aimer. Le sentiment de manque et de vide est progressivement remplacé par un sentiment de plénitude, une joie de donner et d'accueillir l'autre. De mendiant d'amour, je deviens un messager d'amour.

Ensuite, telle une abeille, quel que soit mon modèle amoureux, je deviens un pollinisateur de l'amour.

Je ne me mets pas en couple parce que j'aime l'autre comme un autre moi-même, ce serait l'enfermement narcissique. Je me mets en relation avec l'autre pour apprendre à l'aimer, car je suis conscient que je ne suis toujours en relation qu'avec moi-même.

Plus j'aime, plus je m'aime.
Plus je m'aime et plus j'aime.

Nous comprenons alors l'essence de la joie d'être en vie, ainsi que l'exprimait magnifiquement Alfred de Musset :

« **La vie est un sommeil,**
l'amour en est le rêve,
Et vous aurez vécu,
si vous avez aimé. »

Achevé d'imprimer
en février 2018
par Sepec, France.

IMPRIM'VERT®

PEFC™ 10-31-1470 / Certifié PEFC / Ce produit est issu de forêts gérées durablement et de sources contrôlées. / pefc-france.or